Manfred Lechner

Interessenausgleich zwischen Bauwerbern und Nachbarn

Manfred Lechner

Interessenausgleich zwischen Bauwerbern und Nachbarn

Regelungen des Steiermärkischen Baugesetzes in baubewilligungspflichtigen und baupolizeilichen Verfahren

Lehrbuchverlag

Imprint
Any brand names and product names mentioned in this book are subject to trademark, brand or patent protection and are trademarks or registered trademarks of their respective holders. The use of brand names, product names, common names, trade names, product descriptions etc. even without a particular marking in this work is in no way to be construed to mean that such names may be regarded as unrestricted in respect of trademark and brand protection legislation and could thus be used by anyone.

Cover image: www.ingimage.com

Publisher:
Der Lehrbuchverlag
is a trademark of
International Book Market Service Ltd., member of OmniScriptum Publishing Group
17 Meldrum Street, Beau Bassin 71504, Mauritius

Printed at: see last page
ISBN: 978-620-0-44553-7

Interessenausgleich zwischen Bauwerbern und Nachbarn in baubewilligungspflichtigen und baupolizeilichen Verfahren durch die Regelungen des Steiermärkischen Baugesetzes

Mag. Ing. Manfred Lechner

St. Veit in der Südsteiermark, 2019

Vorwort und Danksagung

Das Thema dieser Arbeit beleuchtet einen wichtigen Teilbereich der Aufgaben einer Gemeinde, und es werden die mit der Errichtung, Benützung und Erhaltung von Bauten im Zusammenhang stehenden rechtlichen Bestimmungen und die sich daraus ergebenden und stetig zunehmenden Herausforderungen für ein gutes nachbarschaftliches und gedeihliches Zusammenleben von Gemeindebürgern dargelegt.

Das Lernen von einem Beispielfall ist eine besonders wirksame Form, jemandem etwas näher zu bringen und zu vermitteln. Ich bin der Baubehörde meiner Heimatgemeinde deshalb sehr dankbar, dass sie mir in anonymisierter Form Einblick in Bau- und baupolizeiliche Verfahren verschiedenster Thematiken gewährte, und ich diese hier exemplarisch darstellen konnte.

Einen Dank richte ich an jene Personen, die meine Arbeit vorab gelesen und mich auf notwendige Korrekturen und Klarstellungen hingewiesen haben.

Mein besonderer Dank gilt meiner Familie – meiner Frau und meinen Kindern – für die Akzeptanz meiner Entscheidung, ein Studium zu beginnen, und das Mit- und Durchtragen dieser Entscheidung in der gesamten Studienzeit.

Es ist keine Schande, nichts zu wissen,
wohl aber, nichts lernen zu wollen.
Sokrates

Inhaltsverzeichnis

Abkürzungsverzeichnis

A	Anmerkung, -en
aA	andere Ansicht
AB	Ausschussbericht
Abs	Absatz
Art	Artikel
Ausf, ausf	ausführlich
AVG	Allgemeines Verwaltungsverfahrensgesetz 1991, BGBl 1991/51
B-VG	Bundes-Verfassungsgesetz BGBl 1930/1
BauR	Baurecht
BauSlg	Baurechtssammlung
bbl	Baurechtliche Blätter
BGBl	Bundesgesetzblatt
Bgld BauG	Burgenländisches Baugesetz, LGBl 1998/10
Blg	Beilage
BlgNR	Beilage(-n) zu den Stenographischen Protokollen des Nationalrates
bspw	beispielsweise
bzw	beziehungsweise
ca	circa (ungefähr)
dB	Dezibel
Def	Definition
dh	das heißt
E	Entscheidung, -en
EB	Erläuternde Bemerkungen
Ebda	eben dort
ecolex	ecolex (Fachzeitschrift für Wirtschaftsrecht)
EGVG	Einführungsgesetz zu den Verwaltungsverfahrensgesetzen 2008, BGBl 2008/87

Erk	Erkenntnis, -se
Erläut	Erläuterung, -en
f	und der, die folgende
ff	und der, die folgenden
FN	Fußnote, -n
G	Geruchszahl
GAEG	Grazer Altstadterhaltungsgesetz
GE	Geruchseinheit
Gem, gem	gemäß
GemO	Gemeindeordnung
GewO	Gewerbeordnung
GIRL	Geruchsimmissionsrichtlinie
GP	Gesetzgebungsperiode
Hrsg	Herausgeber, -in
idF	in der Fassung
idgF	in der geltenden Fassung
ISd, iSd	im Sinne des, -der
iVm	in Verbindung mit
iZm	in Zusammenhang mit
J	Judikatur
JGS	Jahresgeruchsstunden
K-BO	Kärntner Bauordnung, LGBl 1996/62
KFZ	Kraftfahrzeug, -e
km	Kilometer
KWG	Kommunalwissenschaftliche Gesellschaft
leg cit	legis citatae (der zitierten Vorschrift)
LGBl	Landesgesetzblatt
lit	litera (Buchstabe)
LR	Landesregierung

LT	Landtag
lt	laut
LVwG	Landesverwaltungsgericht
m	Meter
mE	meines Erachtens
mH	mit Hinweis
MRSA	antibiotika resistente Staphylokokken
NÖ-BO	NÖ Bauordnung, LGBl 2015/1
Oa, oa	oben angeführt
Oö.-BO	Oö. Bauordnung, LGBl 1994/66
RFG	Recht & Finanzen für Gemeinden
RGBl	Reichsgesetzblatt
ROG	Raumordnungsgesetz
Rsp	Rechtsprechung
RV	Regierungsvorlage
Rz	Randzahl
StBauMüG	Steiermärkisches Bauprodukte- und Marktüberlassungsgesetz
Sten Prot	Stenografisches Protokoll
StFanlG	Steiermärkisches Feuerungsanlagengesetz
StHebAG	Steiermärkisches Hebeanlagengesetz
Stmk	Steiermark
stmk	steiermärkisch, -e, -er, -es
Stmk BauG	Steiermärkisches Baugesetz, LGBl 1995/59
Stmk BO	Steiermärkische Bauordnung 1968, LGBl 1968/149
Stmk ROG	Steiermärkisches Raumordnungsgesetz 2010, LGBl 2010/49
stRsp	ständige Rechtsprechung
TBO	Tiroler Bauordnung, LGBl 2018/28
Tir	Tirol, -er
ua	a) unter anderem b) und andere, -s

udgl	und dergleichen
usw	und so weiter
UVP	Umweltverträglichkeitsprüfung
VDI	Verein Dueter Ingenieure e.V.
VfGH	Verfassungsgerichtshof
VfSlg	Sammlung - Erkenntnisse und Beschlüsse des Verfassungsgerichtshofes
Vgl, vgl	vergleiche
Vlbg BauG	Vorarlberger Baugesetz, LGBl 2001/52
VO	Verordnung
VRL	Vorläufige Richtlinie zur Beurteilung von Immissionen aus der Nutztierhaltung in Stallungen
VStG	Verwaltungsstrafgesetz 1991, BGBl 1991/52
VwGH	Verwaltungsgerichtshof
VwGVG	Verwaltungsgerichtsverfahrensgesetz
VwSlg	Sammlung - Erkenntnisse und Beschlüsse des Verwaltungsgerichtshofes
VVG	Verwaltungsvollstreckungsgesetz 1991, BGBl 1991/53
Z	Ziffer
ZB, zB	zum Beispiel
ZustellG	Zustellgesetz 1982, BGBl 1982/200

I Einführung

Viele Menschen haben den Traum vom Eigenheim und möchten diesen in ihrem Leben einmal verwirklichen. In ländlichen Gebieten wird diesem Wunsch überwiegend durch den Neubau eines Wohnhauses nachgekommen. Dabei ist der Bau einer eigenen Wohnstätte mitunter eine besondere Herausforderung, verlangt sie doch von den Bauwilligen ein gewisses Maß an technischen Grundkenntnissen und vor allem auch des Baurechtes. Es werden zwar Professionisten und Baufirmen mit der Planung und Umsetzung beauftragt, und Bauwerber müssen nicht direkt damit befasst sein, doch ist ein gewisses Grundverständnis über das Bauwesen durch Bauwerber für einen besseren Informationsaustausch zwischen den verschiedenen Akteuren und vor allem gegenüber der Baubehörde jedenfalls angebracht.

Diese Kenntnisse sind notwendig, denn ein Baugrundstück zu besitzen, gibt dem Eigentümer im Sinne der Eigentumsfreiheit noch nicht das Recht, ohne Beschränkungen darüber frei zu verfügen und Bauwerke willkürlich darauf errichten zu können.

Durch Errichtung einer Baulichkeit sind, mit Ausnahme vereinzelter, geringfügiger baulicher Tätigkeiten, stets gewisse Schutzbedürfnisse berührt, die einerseits für die Benutzer dieser Baulichkeiten und andererseits auch für die im Umfeld vorhandenen Nachbarn bestehen. Diese Schutzfunktion ist natürlich bei Bauten, bei denen aufgrund ihrer Art und Verwendung von größeren Beeinflussungen der Umwelt ausgegangen werden kann, also die im Allgemeinen über die Errichtung eines schlichten Einfamilienwohnhauses hinausgehen, von besonderer Bedeutung.

Dabei liegt es nicht nur im Interesse von Nutzern baulicher Anlagen und deren Nachbarn, einen gewissen spezifisch sichergestellten Schutz bei der Errichtung von Baulichkeiten und deren Verwendung zu erhalten, sondern es besteht hierbei auch das öffentliche Interesse, in diesem Bereich ein grundsätzlich geordnetes Zusammenleben der Menschen zu ermöglichen.

Trotz überwiegend klarer Regelungen im Baurecht kommt es in der Praxis der Rechtsanwendung immer wieder vor, dass Baugenehmigungen mitunter erst mit langen und aufwendigen Verfahren zu erreichen sind. Dies stößt sowohl bei Bauwerbern als auch bei Nachbarn vielfach auf Unmut und Unverständnis gegenüber den das Baurecht vollziehenden Behörden.
Bauwerber sehen in dem Verfahren zur Erlangung einer Baubewilligung mitunter ein von der Baubehörde zu sehr zeit- und kostenintensiv geführtes Verfahren, welches einem „formalistischen Zwangsakt" gleicht und der raschen Umsetzung ihres Bauvorhabens zuwiderläuft. Man hat zwar viel Geld und Zeit in die Planung investiert, doch nun soll es rasch in die Umsetzung gehen. Der Baubehörde wird kaum Zeit für deren Prüfung und Beurteilung zugebilligt, denn den Bauwerbern scheint aus ihrer Sicht alles klar für die Genehmigung zu sein.

Auf der anderen Seite stehen meist die Nachbarn mit ihren Erwartungen und Vorstellungen. Sie sind mit einhergehenden Veränderungen und befürchteten Verschlechterungen ihres nahen Umfeldes konfrontiert und sehen nun manchmal auch die Möglichkeit, bereits bestehende und schwelende Nachbarschaftsstreitereien zu ihren Gunsten von der Baubehörde mitentscheiden zu lassen.

Bauvorschriften konzentrieren die Kriterien zur Beurteilung von Bauvorhaben auf jene Bereiche, die neben der Berücksichtigung von öffentlichen Interessen auch für einen Interessenausgleich zwischen Bauwerbern und Nachbarn notwendig erscheinen. Damit ist eigentlich der Beurteilungsrahmen, den Baubehörden in ihren Verfahren haben, abgegrenzt und vorgegeben.

Schwerpunkt dieser Arbeit ist es nun, die Stellung von Bauwerbern und Nachbarn nach dem geltenden Steiermärkischen Baugesetz 1995 aufzuzeigen. Es geht dabei einerseits um die Ableitung von Rechten und vor allem auch der Pflichten, die sich aus den Vorgaben des Baugesetzes für die Bauwerber zur Erlangung einer baurechtlichen Bewilligung im Baubewilligungsverfahren ergeben. Welche Kriterien oder Bereiche Bauwerber mit ihren Bauvorhaben in Bezug auf Nachbarrechte überlegen und berücksichtigen müssen, spielt dabei eine wichtige Rolle. Andererseits bestehen einige Bestimmungen im Baugesetz, nach denen den Nachbarn spezifische Rechte zustehen und die bei Erfüllung gewisser Formerfordernisse von der Baubehörde mit zu beurteilen sind. Welche das sind, wo sie eingeordnet werden und welche Auswirkungen auf das geplante Bauvorhaben sich daraus ergeben können, wird darzulegen sein. Dass hierbei nicht alle Eingaben oder Einwendungen in gleicher Weise zu berücksichtigen sind, sondern die Baubehörde diese zu differenzieren und nach einer entsprechenden Regelung zu behandeln hat, wird aufgezeigt.

Nachdem es auch nach Erteilung einer Baubewilligung zu kontroversiellen Ansichten zwischen Bauwerbern und Nachbarn bei der Bauausführung, der Benützung, der Instandhaltung usw kommen kann, sind die diesbezüglichen baupolizeilichen Maßnahmen ein weiteres Themenfeld dieser Arbeit. Vorwiegend geht es dabei um mögliche Eingaben und Anzeigen aus Sicht der Nachbarn, die die Baubehörden zu Überprüfungen auffordern, denen diese auch nachzukommen haben.

Mit welchen Problematiken Baubehörden bei Interessenkonflikten zwischen Bauwerbern und Nachbarn häufig konfrontiert sind, lässt schließlich noch ein Blick auf die Erfahrungen der Baubehörde der eigenen Wohnsitzgemeinde erkennen.

Dabei gibt es durchaus auch Vorschläge und Möglichkeiten aus der Praxis, um Konflikte zwischen Bauwerbern und Nachbarn gut zu regeln oder auf ein gewisses für alle Betroffenen vertretbares Maß zu reduzieren.

1. Baurechtliche Grundlagen

Das Baurecht kann als Gesamtheit der Rechtsnormen, die das Bauen betreffen, bezeichnet werden. Es ist somit die Summe jener Normen, die die Errichtung, Änderung, Erhaltung und Beseitigung von Bauwerken regeln.[1]

Dabei muss zwischen den Regeln des privatrechtlichen und denjenigen des öffentlich-rechtlichen Baurechtes unterschieden werden.

Unter privatrechtlichem Baurecht versteht man das dingliche, veräußerliche und vererbliche, zeitlich begrenzte Recht, auf einem Grundstück ein Bauwerk zu haben[2]. Im weitesten Sinne handelt es sich um Normen, die dem Interessenausgleich zwischen gleichrangigen Privatrechtssubjekten dienen sollen[3].

Baubehörden sind im Umgang mit Bauwerbern und Nachbarn mit dem öffentlich-rechtlichen Baurecht befasst, jenen Normen, die die Bebaubarkeit von Grundstücken und die näheren Vorschriften für einzelne Bauvorhaben regeln[4]. Man kann auch von Normen sprechen, die die freie Verfügung des Eigentümers über seinen Grund und Boden (Baufreiheit) aus öffentlichen Interessen beschränken[5].

Diese Arbeit behandelt ausschließlich Fragen des öffentlich-rechtlichen Baurechts.

---

[1] *Eisenberger/Hödl*, Einführung in das Steiermärkische Bau- und Raumplanungsrecht[3] (2014), 9; *Lindermuth*, Baurecht, in *Poier/Wieser* (Hrsg), Steiermärkisches Landesrecht Band 3: Besonderes Verwaltungsrecht (2010), 259; *Jahnel*, Baurecht, in *Bachmann/Baumgartner ua* (Hrsg), Besonderes Verwaltungsrecht[11] (2016), 520.

[2] *Eisenberger/Hödl*, Einführung[3], 9.

[3] *Lindermuth* in *Poier/Wieser*, Steiermärkisches Landesrecht, 259.

[4] *Eisenberger/Hödl*, Einführung[3], 9.

[5] *Lindermuth* in *Poier/Wieser*, Steiermärkisches Landesrecht, 259; vgl *Jahnel*, in *Bachmann/Baumgartner* ua, Besonderes Verwaltungsrecht[11], 520.

1.1. Verfassungsbestimmungen

Zur österreichischen Bundesstaatlichkeit gehört es, dass die staatlichen Funktionen und Aufgaben zwischen Bund und Ländern verteilt sind. Wie diese Verteilung der Zuständigkeit zu erfolgen hat, ist im Wesentlichen in den so genannten Kompetenzartikeln des B-VG geregelt (vgl Art 10-15 B-VG).[6]

Diese Kompetenzartikel des B-VG enthalten jedoch keinen eigenen, wörtlich angeführten Tatbestand „Bauwesen". Das führt dazu, dass es sich bei den Angelegenheiten des Baurechts um Aufgaben handelt, die nach dem Wortlaut des Art 15 Abs 1 B-VG „Soweit eine Angelegenheit nicht ausdrücklich durch die Bundesverfassung der Gesetzgebung oder auch der Vollziehung des Bundes übertragen ist, [...]" im selbständigen Wirkungsbereich der Länder verbleiben.[7]

1.1.1.Bauwesen Landessache

Der Kernbereich des Baurechts ist gemäß Art 15 Abs 1 B-VG („Generalklausel zugunsten der Länder") demnach grundsätzlich Landessache in Gesetzgebung und Vollziehung.[8]

Von einer Grundsätzlichkeit spricht man deshalb, da es hierbei Ausnahmen gibt, die sich aus den Regelungen des B-VG[9] und anderen Verfassungsbestimmungen[10] ergeben. Dort, wo die Zuständigkeit des Bundes mit einer Hauptkompetenzmaterie gegeben ist, ergibt sich auch seine ausschließliche baurechtliche Zuständigkeit kraft „unlöslichen Zusammenhangs" (Adhäsions- oder Annexprinzip)[11].

---

[6] *P. Frank/Teschinegg/Skalicki*, Raumordnungsrecht und Bauvorschriften für das Land Steiermark. Mit erläuternden Bemerkungen, Anmerkungen und ausgewählten Entscheidungen des Verwaltungsgerichtshofes[4] (2016), § 3 A 221; *Eisenberger/Hödl*, Einführung[3], 9.

[7] Vgl *Trippl/Schwarzbeck/Freiberger*, Steiermärkisches Baurecht[5] (2013), 49; *Eisenberger/Hödl*, Einführung[3], 9.

[8] *Lindermuth* in *Poier/Wieser*, Steiermärkisches Landesrecht, 261; vgl *Jahnel*, in *Bachmann/Baumgartner ua*, Besonderes Verwaltungsrecht[11], 346.

[9] ZB Art 10 Abs 1 Z 9 (Bauten für Eisenbahnbetrieb, Luft- und Schifffahrt usw), Art 10 Abs 1 Z 10 (Bergwerksanlagen, der Wassernutzung dienende Bauten, usw), Art 10 Abs 1 Z 15 (militärische Anlagen).

[10] ZB § 38 Abs 2 AWG.

[11] Vgl VfSlg 2685/1954; *Lindermuth* in *Poier/Wieser*, Steiermärkisches Landesrecht, 262

Die Landesbauordnungen nehmen im überwiegenden Maße auf diese Ausnahmetatbestände der baurechtlichen Zuständigkeit des Bundes insofern Rücksicht, als sie die genannten Regelungsgebiete aus ihrem Anwendungsbereich explizit ausnehmen[12].

1.1.2. Örtliche Baupolizei Gemeinde

In Art 118 Abs 3 Z 9 B-VG ist die örtliche Baupolizei ausdrücklich als Angelegenheit des eigenen Wirkungsbereichs der Gemeinde genannt. Auf diese Angelegenheiten des eigenen Wirkungsbereichs gilt es, etwas näher einzugehen.

Die Angelegenheiten des eigenen Wirkungsbereichs, die von der Gemeinde eigenverantwortlich und autonom wahrgenommen werden, stehen im Zentrum der Aufgaben einer Gemeinde[13]. Nach Art 118 Abs 2 B-VG sind dies „[...] alle Angelegenheiten, die im ausschließlichen oder überwiegenden Interesse der in der Gemeinde verkörperten örtlichen Gemeinschaft gelegen und geeignet sind, durch die Gemeinschaft innerhalb ihrer örtlichen Grenzen besorgt zu werden. [...]".

In Anwendung dieser Generalklausel (Interesse, Eignung) kommt es nicht auf die konkreten Verhältnisse der einzelnen Gemeinde (zB Größe, soziale Struktur usw) an, sondern wird auf eine abstrakte, fiktive Einheitsgemeinde abgestellt[14].

Ergänzt und konkretisiert wird die genannte Generalklausel eben durch den anfangs erwähnten Art 118 Abs 3 B-VG in Form einer demonstrativen („insbesonderen") Aufzählung von Angelegenheiten, die jedenfalls in den eigenen Wirkungsbereich der

---

[12] Siehe § 3 Stmk BauG, § 1 Abs 2 und 3 NÖ-BO, § 1 Abs 3 Oö.-BO, § 2 K-BO, § 1 Abs 2 Bgld BauG, § 1 Abs 3 TBO, § 1 Abs 1 Vlbg BauG. In den Bauordnungen Wien und Salzburg finden sich keine Ausnahmebestimmungen.

[13] *Berka*, Verfassungsrecht. Grundzüge des österreichischen Verfassungsrechts für das juristische Studium[6] (2016), Rz 787.

[14] VfSlg 5409/1966, 5647/1967, 6770/1972, 9280/1981, 17.557/2005 ua.; *Weber*, Art 115 B-VG in *Kneihs/Lienbacher* (Hrsg) Rill-Schäfer-Kommentar (2016) Rz 9; *Berka*, Verfassungsrecht[6], Rz 793; *Wieser*, Einführung in das Verfassungs- und Verwaltungsrecht[2], 125.

Gemeinde fallen[15]. Neben der örtlichen Sicherheitspolizei (Z 3), der örtlichen Straßenpolizei (Z 4) und der örtlichen Raumplanung (Z 9) sind es die genannten Aufgaben der örtlichen Baupolizei.

Unter die örtliche Baupolizei fallen alle Maßnahmen, die der im örtlichen Interesse liegenden Abwehr von Gefahren beim Bau und der Erhaltung von Gebäuden dienen[16].

Im Dienste der Rechtssicherheit sind die Gesetze (des Bundes und der Länder), die in den eigenen Wirkungsbereich der Gemeinde fallen, ausdrücklich als solche zu bezeichnen (Art 118 Abs 2 B-VG)[17]. Dieser Bezeichnungspflicht wird in § 1 Stmk BauG entsprochen: „Die in diesem Gesetz geregelten Angelegenheiten der Gemeinde sind solche des eigenen Wirkungsbereiches.“.

Wer besorgt nun auf Gemeindeebene die Aufgaben der örtlichen Baupolizei? Hierzu finden sich in der Verfassung Bestimmungen bezüglich der Organe der Gemeinde und deren Rechtsstellung. Gemäß Art 117 Abs 1 B-VG sind als Organe einer Gemeinde der Gemeinderat, der Gemeindevorstand und der Bürgermeister „jedenfalls vorzusehen“. Über diese Organe muss jede Gemeinde verfügen.[18]

Nach der Sonderkompetenzbestimmung des Art 115 Abs 2 B-VG hat die Landesgesetzgebung das „Gemeinderecht“, dh das Gemeindeorganisationsrecht, zu regeln[19]. Die nähere Aufteilung der Kompetenzen zwischen den Gemeindeorganen wird also in den Gemeindeordnungen, die von den jeweiligen Landesgesetzgebern beschlossen werden, geregelt[20].

---

[15] *Berka*, Verfassungsrecht^6, Rz 789; *Adamovich/Funk/Holzinger/S. L. Frank*, Staatliche Organisation. Österreichisches Staatsrecht^2 (2013) Rz 32.042; *Stolzlechner*, Einführung in das öffentliche Recht^6 (2013) Rz 781; *Wieser*, Einführung in das Verfassungs- und Verwaltungsrecht^2, 125.

[16] VwSlg 7210 A/1967; VfSlg 5647/1967; *Lindermuth* in *Poier/Wieser*, Steiermärkisches Landesrecht, 263.

[17] VfSlg 11653/1988, 11926/1988; *Adamovich/Funk/Holzinger/S. L. Frank*, Staatliche Organisation^2, Rz 32.043.

[18] *Stolzlechner*, Einführung in das öffentliche Recht^6, Rz 775; vgl *Berka*, Verfassungsrecht^6, Rz 782, *Kahl/Weber*, Allgemeines Verwaltungsrecht^6 (2017), Rz 318.

[19] *Stolzlechner* in *Kneihs/Lienbacher (Hrsg)*, Rill-Schäfer-Kommentar Bundesverfassungsrecht, 11.

[20] *Berka*, Verfassungsrecht^6, Rz 785.

Viele Bauordnungen bzw Baugesetze der Länder benennen darüber hinaus das Gemeindeorgan „Bürgermeister“ explizit als Baubehörde 1. Instanz, nicht so das Stmk BauG wie im Punkt „3.4. Baubehörde“ dieser Arbeit ausgeführt werden wird.

In Vollziehung des eigenen Wirkungsbereiches sind die Gemeindeorgane weisungsfrei und ist der Ausschluss eines Rechtsmittels an Verwaltungsorgane außerhalb der Gemeinde gemäß Art 118 Abs 4 B-VG gegeben[21]. Bund und Land üben zwar gemäß Art 119 a B-VG das Aufsichtsrecht über die Gemeinden dahingehend aus, dass diese bei Besorgung des eigenen Wirkungsbereiches die Gesetze und Verordnungen nicht verletzen[22], sie dürfen ansonsten jedoch die Gemeindeentscheidung nicht beeinflussen. Die Gemeinden sind hierbei autonom, aber auch in ihrer Entscheidung selbstverantwortlich.

Die Verwaltungsgerichtsbarkeits-Novelle 2012[23] brachte im Verwaltungsbereich durch die generelle Abschaffung des administrativen Instanzenzuges einen grundlegenden Systemwechsel bei den Verwaltungsbehörden. Der Verfassungsgesetzgeber hat die Verwaltungsführung der Gemeinden im eigenen Wirkungsbereich jedoch davon ausgenommen. Nach Art 118 Abs 4 zweiter Satz B-VG besteht in den Angelegenheiten des eigenen Wirkungsbereiches der Gemeinde weiterhin ein zweigliedriger Instanzenzug[24]. Durch die „zuständige Gesetzgebung“[25], dh durch den Materiengesetzgeber (das ist nach Art 115 Abs 2 B-VG der Bundes- oder Landesgesetzgeber) kann dieser Instanzenzug allerdings für die jeweilige(n) Materie(n) ausgeschlossen werden[26].

---

[21] *Stolzlechner*, Einführung in das öffentliche Recht[6], Rz 783.
[22] *Berka*, Verfassungsrecht[6], Rz 788; vgl *Stolzlechner*, Einführung[6], Rz 784; *Wieser*, Einführung[2], 129.
[23] BGBl I 2012/51, mit 1.1.2014 in Geltung.
[24] *Berka*, Verfassungsrecht[6], Rz 904; *Leeb*, Das Verfahrensrecht der Verwaltungsgerichte aus gemeindespezifischer Sicht in *KWG* (Hrsg), Verwaltungsreform – Verwaltungsgerichtsbarkeit (2014), 28.
[25] RV 1618 BlgNR 24. GP 12.
[26] *Berka*, Verfassungsrecht[6], Rz 904; *Leeb* in *KWG*, Verwaltungsreform, 29; vgl *Eberhard*, Der Einfluss der Verwaltungsgerichtsbarkeitsreform auf die Gemeinden und Bürger, in *KWG* (Hrsg), Verwaltungsreform – Verwaltungsgerichtsbarkeit (2014), 46.

Von der Ermächtigung zur Beseitigung des Instanzenzuges innerhalb der Gemeinde haben die Gesetzgeber in recht unterschiedlicher Weise Gebrauch gemacht. So hat der Tiroler Landesgesetzgeber die Berufung gegen Bescheide der Gemeinde in landesgesetzlich geregelten Angelegenheiten des eigenen Wirkungsbereichs grundsätzlich ausgeschlossen[27], wogegen in der Steiermark von dieser Ermächtigung „bis auf weiteres“ kein Gebrauch gemacht wurde.[28]
Für das Bauverfahren relevant ist, dass mit der Verwaltungsgerichtsbarkeits-Novelle 2012 Landesverwaltungsgerichte in den Ländern eingerichtet wurden und nunmehr letztinstanzliche Entscheidungen der Baubehörden der Gemeinden durch Erhebung einer Bescheidbeschwerde gemäß Art 130 Abs 1 B-VG beeinsprucht werden können[29]. Das angerufene Landesverwaltungsgericht hat nach Art 130 Abs 4 B-VG dabei grundsätzlich in der Sache selbst zu entscheiden und finden sich die näheren Ausführungen dafür in § 28 Abs 2 VwGVG[30].

Hinsichtlich der grundsätzlichen Zuständigkeit der Gemeinde als örtliche Baupolizei ist zu erwähnen, dass nach Art 118 Abs 7 B-VG die Möglichkeit besteht, einzelne Angelegenheiten des eigenen Wirkungsbereiches der Gemeinde auf ihren Antrag hin durch Verordnung der Landesregierung oder des Landeshauptmannes auf eine staatliche Behörde zu übertragen[31].

Diese Form der Delegierung von baurechtlichen Zuständigkeiten wurde in der Steiermark von zahlreichen Gemeinden im Zusammenhang mit genehmigungspflichtigen gewerblichen Betriebsanlagen gewählt. Nach der diesbezüglichen Bau-Übertragungsverordnung[32] entscheiden nun die örtlich

---

[27] § 17 Abs 2 Tir GemO.
[28] *Berka*, Verfassungsrecht[6], Rz 904.
[29] *Berka*, Verfassungsrecht[6], Rz 924; *Leeb* in *KWG*, Verwaltungsreform, 38.
[30] Vorrang der meritorischen Entscheidungspflicht, vgl VwGH 26.6.2014, Ro 2014/03/0063; *Berka*, Verfassungsrecht[6], Rz 932.
[31] *Berka*, Verfassungsrecht[6], Rz 793; *Kahl/Weber*, Allgemeines Verwaltungsrecht[6], Rz 313; *Wieser*, Einführung[2], 126.
[32] Verordnung der Steiermärkischen Landesregierung vom 20. Dezember 2012, mit der für bestimmte Gemeinden die Besorgung einzelner Angelegenheiten des eigenen Wirkungsbereiches auf dem Gebiet der

zuständigen Bezirksverwaltungsbehörden bei Genehmigungen von Betriebsanlagen auch über die baurechtlichen Belange.

1.2. Steiermärkisches Baugesetz

Wie in dem vorangeführten Kapitel dargelegt, ist das Bauwesen grundsätzlich Landessache und daher in Landesgesetzen (Bauordnungen bzw Baugesetzen) der neun Bundesländer zu regeln.

Unter den Vorschriften auf dem Gebiet des Baurechts in der Steiermark nimmt das Steiermärkische Baugesetz, LGBl 1995/59[33], die zentrale Stellung ein. Es trat mit 1. September 1995 in Kraft und ersetzte die seit 1968 geltende Steiermärkische Bauordnung (Stmk BO, LGBl 1968/149).
Im Vergleich zu dieser brachte das Stmk BauG 1995 eine Deregulierung, Liberalisierung und Harmonisierung der verfahrensrechtlichen und bautechnischen Vorschriften. Der Bauherr sollte schneller zu einer Bewilligung gelangen, was mit Kosteneinsparung, aber auch mit mehr Eigenverantwortlichkeit einhergeht.[34]

So wurden die Doppelgleisigkeit des Widmungs- und Baubewilligungsverfahrens beseitigt, die anzeigepflichtigen (§ 20 Stmk BauG) und baubewilligungsfreien Vorhaben (§ 21 Stmk BauG) wesentlich ausgebaut und der Entfall der Endbeschau im Rahmen des Benützungsbewilligungsverfahrens ermöglicht. [35]

Der Begriff des Nachbarn im Sinne der ständigen Rechtsprechung des VwGH wurde in den neuen umfangreichen Begriffsbestimmungen des § 4 in Z 41 (nunmehr Z 44) aufgenommen und die erschöpfende Aufzählung der Nachbarrechte im § 26

örtlichen Baupolizei auf staatliche Behörden des Landes übertragen wird (Bau-Übertragungsverordnung 2013) LGBl 2013/1.

[33] Gesetz vom 4. April 1995, LGBl 59, mit dem Bauvorschriften für das Land Steiermark erlassen werden (Steiermärkisches Baugesetz – Stmk BauG).

[34] *Eisenberger/Hödl*, Einführung³, 10; *Trippl/Schwarzbeck/Freiberger*, Steiermärkisches Baurecht⁵, 34.

[35] *Trippl/Schwarzbeck/Freiberger*, Steiermärkisches Baurecht⁵, 35 f.

beibehalten. Das Problem des übergangenen Nachbarn wurde neu in § 27 gelöst, wobei insbesondere eine zeitliche Begrenzung[36] der Geltendmachung seiner Rechte verfügt wurde.[37]

Das Stmk BauG wurde in der Vergangenheit einige Male novelliert[38]. Hinsichtlich Ausweitung der Nachbarrechte stellt die Baugesetznovelle LGBl 2008/88 eine Besonderheit dar. So wurde unter anderem für die Baubehörde die Möglichkeit vorgesehen, gemäß § 29 Abs 6 leg cit bei Tierhaltungsbetrieben bei unzumutbarer Geruchsbelästigung für die Nachbarn trotz bestehender Baubewilligung nachträgliche Maßnahmen bzw Auflagen bescheidmäßig vorzuschreiben[39].

Das Stmk BauG regelt aber nicht nur die materiellrechtlichen Belange des Bauens, sondern kommt dem Gesetz hinsichtlich der Verfahrensregeln eine wichtige Bedeutung zu, bestimmt es doch, welche Verfahren es gibt, und wie diese zu führen sind, wem Parteistellung zukommt, und welche Rechte geltend gemacht werden können. In den folgenden Kapiteln der Rechtsstellung von Bauwerbern und Nachbarn und der Baubewilligungs- und baupolizeilichen Verfahren wird darauf besonders eingegangen werden.

1.3. Baunebengesetze

Das Baugesetz stellt zwar die Kernmaterie der baurechtlichen Bestimmungen dar, trotzdem sind in vielen Bereichen einige weitere sachlich damit zusammenhängende Gesetze vorhanden, die im Bauverfahren in differenzierter Weise zu beachten sind. Diese Baunebengesetze regeln unterschiedliche und spezielle Themen und werden hier

[36] Acht Wochen bzw drei Monate ab Baubeginn bzw 1 Jahr ab Nutzungsänderung.
[37] *Trippl/Schwarzbeck/Freiberger*, Steiermärkisches Baurecht[5], 36.
[38] Derzeit letzte Änderung im Juli 2018 mit dem Steiermärkischen Grundverordnung-Datenschutz Anpassungsgesetz 2018 LGBl 2018/63.
[39] *Trippl/Schwarzbeck/Freiberger*, Steiermärkisches Baurecht[5], 41.

kurz dargestellt. Auf die Anführung spezieller und enger gefasster Verordnungen, wie zum Beispiel der Bebauungsdichteverordnung[40] usw, wird hierbei verzichtet.

Zu den Baunebengesetzen gehört das Steiermärkische Bauprodukte- und Marktüberwachungsgesetz 2013 - StBauMüG, LGBl 2013/83. Dieses Gesetz regelt die Bereitstellung von Bauprodukten auf dem Markt; die Verwendung von Bauprodukten, für die harmonisierte technische Spezifikationen vorliegen oder auch nicht vorliegen; die bautechnische Zulassung; die Verwendung sonstiger Bauprodukte und die Marktüberwachung von Bauprodukten.

Ein weiteres Baunebengesetz ist das Steiermärkische Akkreditierungsgesetz, LGBl 1995/62, welches die Akkreditierung von Prüf-, Überwachungs- und Zertifizierungsstellen regelt und die hierzu erforderlichen Verfahrensbestimmungen unter Berücksichtigung der personellen, ausstattungsmäßigen und organisatorischen Voraussetzungen festlegt.

Die beiden genannten Gesetze haben für das Bauverfahren selbst kaum Relevanz, können aber für baupolizeiliche Überprüfungen Bedeutung erlangen, wenn zB festgestellt wird, dass keine zugelassenen Materialien verwendet werden.

Das Steiermärkische Feuerungsanlagengesetz 2016 – StFanlG 2016, LGBl 2016/57, regelt das Inverkehrbringen von Kleinfeuerungen, die besonderen Bestimmungen für die Errichtung und Änderung, den Betrieb und die Instandhaltung, die Überprüfung und Überwachung von Feuerungsanlagen und Blockheizkraftwerken, sowie die Inspektion von Heizungsanlagen. In dessen Anwendungsbereich fallen jedoch nur Anlagen, deren Betriebszweck die Beheizung von Räumen und/oder die Warmwasserbereitung ist. Nachdem Wohnobjekte überwiegend noch mit einer eigenen Feuerungsanlage (für feste, flüssige oder gasförmige Brennstoffe) ausgestattet

[40] LGBl 1993/38 idgF.

werden, kommt diesem Gesetz im Bauverfahren große Bedeutung zu und werden deren Bestimmungen vor allem vom brandschutztechnischen Sachverständigen oder beigezogenem Rauchfangkehrermeister mitbeurteilt.

Zu nennen ist in diesem Zusammenhang auch das Steiermärkische Gasgesetz 1973, LGBl 1973/54 idF LGBl 2001/73, und sind damit Anlagen zur Erzeugung, Speicherung, Lagerung, Leitung und Verwendung gasförmiger Brennstoffe einschließlich der Abgasabführung (Gasanlagen) gesetzlich geregelt. Das Steiermärkische Gasgesetz wird nicht im eigenen Wirkungsbereich der Gemeinden vollzogen, sondern ist hier zuständige Behörde die Bezirksverwaltungsbehörde.

Ein weiteres Baunebengesetz ist das Steiermärkische Hebeanlagengesetz 2015 – StHebAG LGBl 2016/15, welches das bis 30. April 2016 geltende Steiermärkische Aufzugsgesetz 2002 LGBl 2002/108 ablöste. Es regelt den Einbau, den Betrieb und die Instandhaltung von überwachungsbedürftigen Hebeanlagen, Änderungen an bestehenden und in Betrieb befindlichen Aufzügen und Hebeeinrichtungen für Personen sowie deren sicherheitstechnische Überprüfung und allfällige Nachrüstungsmaßnahmen.

1.4. Gesetze mit baurechtlichen Bezügen

Unter Gesetze mit baurechtlichen Bezügen sind jene zu erwähnen, die zwar keine rechtlichen Regelungen zu Bauverfahren oder bautechnischen Anforderungen enthalten, die jedoch für eine umfassende Beurteilung der Zulässigkeit von Bauvorhaben mitentscheidend sind.

Eng mit dem Stmk BauG verbunden und für Baubewilligungen stets mit zu beurteilen ist das Steiermärkische Raumordnungsgesetz 2010 - StROG, LGBl 2010/49. Es soll für die planmäßige, vorausschauende Gestaltung eines Gebietes den gesetzlichen Rahmen bilden, um die nachhaltige und bestmögliche Nutzung und Sicherung des

Lebensraumes im Interesse des Gemeinwohles zu gewährleisten. Auf Grundlage des Raumordnungsgesetzes verordnen die Gemeinden das örtliche Entwicklungskonzept und den Flächenwidmungsplan. Der Flächenwidmungsplan ist für die Baubehörde eine verbindliche Grundlage über die konkrete Widmung des Bauplatzes und die sich daraus ergebende Möglichkeit der Bebauung.

Das Kanalgesetz 1988, LGBl 1988/79, sorgt dafür, dass die im Bauland oder auf sonstigen bebauten Grundstücken anfallenden Schmutz- und Regenwässer nach den Bestimmungen dieses Gesetzes in einer nach den Erfahrungen der technischen Wissenschaften, den Erfordernissen des Umweltschutzes und der Hygiene entsprechenden Weise vom Grundstückseigentümer abgeleitet oder entsorgt werden. Üblicherweise werden Kanalanschlusspläne, die den Anschluss des zu errichtenden Objektes an den öffentlichen Abwasserstrang darstellen, den Einreichunterlagen beigelegt und vom Sachverständigen im Bauverfahren mitbeurteilt.

Der örtliche Geltungsbereich des Ortsbildgesetzes 1977, LGBl 1977/54, erstreckt sich auf jene Teile von Gemeinden - ausgenommen die Landeshauptstadt Graz - , die in ihrer landschaftlichen und baulichen Charakteristik das Ortsbild prägen und daher in ihrem Erscheinungsbild und in ihrer Baustruktur und Bausubstanz sowie in ihrer organischen Funktion zu erhalten sind (Schutzgebiete). Es handelt sich hierbei um ein sehr spezifisches Gesetz, welches nur für die vorhandenen, durch Verordnung der Landesregierung ausgewiesene, Schutzgebiete die Mitwirkung eines Ortsbildsachverständigen im Bauverfahren vorsieht.

Für die Stadt Graz heranzuziehen ist anstelle des Ortsbildgesetzes deren Altstadterhaltungsgesetz 2008 – GAEG 2008, LGBl 2008/96.

2. Verfahrensrechtliche Grundlagen

Die Anwendung der baurechtlichen Normen bedingt auch einer Anleitung, wie dabei vorzugehen (zu „verfahren“) ist[41]. Diese Vorgangsweise beim verwaltungsbehördlichen Vollzug von Normen wird im Verwaltungsverfahrensrecht zusammengefasst[42].

Es handelt sich um jene Rechtsvorschriften, die das prozessförmige Vorgehen von Verwaltungsorganen bei Erlassung individueller hoheitlicher Entscheidungen regeln. Dabei wird durch ein fortlaufendes, zweckgerichtetes Zusammenwirken von Personen (Parteien, Sachverständige, sonstige Beteiligte) und Behörden eine Sach- und Rechtslage in Bezug auf eine bestimmte Angelegenheit geklärt und darauf aufbauend eine Entscheidung in Form eines Rechtsaktes getroffen. [43]
Bevor es also zu Entscheidungen (Bescheiden) einer Baubehörde kommt, ist grundsätzlich immer ein Verwaltungsverfahren durchzuführen.

Welche Verfahrensgesetze für die Baubehörde von Relevanz sein können, wie sie in Bezug zu Verfahrensnormen im Stmk BauG stehen und welchen Verfassungshintergrund es allgemein dazu gibt, soll in diesem Kapitel wegen des thematischen Bezuges zu Baubewilligungsverfahren und baupolizeilichen Verfahren kurz dargestellt werden.

2.1. Verfassungsbestimmungen

Die Kompetenz zur Regelung des Verwaltungsverfahrens richtet sich grundsätzlich nach dem Sachgebiet, nach dem die behördlichen Maßnahmen jeweils gesetzt werden (Adhäsionskompetenz)[44]. Entsprechend der Kompetenzverteilung der Art 10 bis 15 B-

---

[41] Vgl *Kolonovits/Muzak/Stöger/Walter*, Grundriss des österreichischen Verwaltungsverfahrensrechts. Einschließlich der Verfahren vor den Verwaltungsgerichten und vor dem VwGH[10] (2014), Rz 4.
[42] *Grabenwarter/Fister*, Verwaltungsverfahrensrecht und Verwaltungsgerichtsbarkeit[5] (2016), 1.
[43] *Stolzlechner*, Einführung[6], Rz 502.
[44] *Grabenwarter/Fister*, Verwaltungsverfahrensrecht[5], 1 f.; *Kolonovits/Muzak/Stöger/Walter*, Grundriss des

VG folgt das Verwaltungsverfahrensrecht der Kompetenz in der jeweiligen Sachmaterie. Daher ist der Materiengesetzgeber befugt, auch das Verfahren zur Vollziehung des jeweiligen Materiengesetzes zu regeln.[45]

Da dies aber eher zur unerwünschten Zersplitterung der verfahrensrechtlichen Regelungen führt, wurde durch Art 11 Abs 2 B-VG, welcher da lautet „Soweit ein Bedürfnis nach Erlassung einheitlicher Vorschriften als vorhanden erachtet wird, werden das Verwaltungsverfahren, die allgemeinen Bestimmungen des Verwaltungsstrafrechts, das Verwaltungsstrafverfahren und die Verwaltungsvollstreckung auch in den Angelegenheiten, in denen die Gesetzgebung den Ländern zusteht, [...] durch Bundesgesetz geregelt; [...]“, ein spezifischer Typus der sogenannten Bedarfsgesetzgebungskompetenz geschaffen[46].

Auf Grund dieser Bedarfskompetenz erließ der Bundesgesetzgeber im Jahre 1925 erstmalig die Verwaltungsverfahrensgesetze, die nun mehr in folgender konsolidierter Fassung vorliegen, nämlich

- das Einführungsgesetz zu den Verwaltungsverfahrensgesetzen 2008 – EGVG[47]
- das Allgemeine Verwaltungsverfahrensgesetz 1991 – AVG[48]
- das Verwaltungsstrafgesetz 1991 – VStG[49]
- das Verwaltungsvollstreckungsgesetz 1991 – VVG[50]

Um wiederum auf besondere Interessen einzelner Verwaltungsgebiete Rücksicht nehmen zu können, dürfen abweichende Regelungen zu einheitlichen Bedarfsgesetzen

österreichischen Verwaltungsverfahrensrechts[10], Rz 33.
[45] Siehe dazu VfSlg 3054/1956.
[46] *Adamovich/Funk*, Allgemeines Verwaltungsrecht[3], 345.
[47] BGBl I 2008/87, idF BGBl I 2018/61.
[48] BGBl 1991/51, idF BGBl I 2018/58.
[49] BGBl 1991/52, idF BGBl I 2018/58.
[50] BGBl 1991/53, idF BGBl I 2013/33.

des Bundes getroffen werden, jedoch gemäß Art 11 Abs 2 letzter Halbsatz B-VG nur dann, wenn sie „zur Regelung des Gegenstandes erforderlich sind“[51].

So konnte zum Beispiel in Bauordnungen festgelegt werden, dass bei baupolizeilichen Aufträgen die aufschiebende Wirkung von Berufungen generell ausgeschlossen wird, damit etwa die verfügte Baueinstellung wegen Gefahr im Verzug nicht durch eine Berufung unterlaufen werden kann[52]. Dies entgegen der Bestimmung des § 64 Abs 1 AVG, wonach Berufungen gegen erstinstanzliche Bescheide der Gemeinde aufschiebende Wirkung haben.[53]

Der Bedarfsgesetzgeber kann auch einzelne einheitliche Vorschriften nur subsidiäre Geltung verleihen, die also nur dann zur Anwendung kommen, wenn in den Verwaltungsvorschriften der Materiengesetzgeber „nichts anderes bestimmt ist“[54]. Subsidiaritätsklauseln und Verweisungen in den allgemeinen Verwaltungsverfahrensgesetzen mit Bezügen auf die „Verwaltungsvorschriften“ zeugen davon.

2.2. Allgemeines Verwaltungsverfahrensgesetz

Das Allgemeine Verwaltungsverfahrensgesetz 1991 – AVG bildet für Behörden die Grundlage für das prozessförmige Vorgehen zur Erlassung individueller hoheitlicher Verwaltungsakte, indem es Verfahrensgrundsätze, die Abfolge der einzelnen Verfahrensschritte, Mitwirkungsrechte der Parteien und den administrativen Rechtsschutz regelt.[55]

Im Hinblick auf das Stmk BauG ist das AVG die leitende Verfahrensnorm. Es ist jedoch zu berücksichtigen, dass verfahrensrechtliche Sonderbestimmungen, die im

[51] Siehe dazu VfSlg 8945/1980; *Grabenwarter/Fister*, Verwaltungsverfahrensrecht[5], 2.
[52] ZB § 41 Abs 5 Stmk BauG.
[53] VfSlg 17.346/2004; *Grabenwarter/Fister*, Verwaltungsverfahrensrecht[5], 2.
[54] *Grabenwarter/Fister*, Verwaltungsverfahrensrecht[5], 3.
[55] *Stolzlechner*, Einführung[6], Rz 503.

Baugesetz dezidiert angeführt werden, Geltung und Vorrang haben, wenn die AVG-Bestimmungen nur subsidiär gelten[56] oder in gewisser Hinsicht abweichende Regelungen[57] gestatten[58].

Ein Verwaltungsverfahren nach AVG verläuft üblicherweise in folgenden Abschnitten: Einleitung des Verfahrens – Durchführung des Ermittlungsverfahrens – Erledigung, namentlich Erlassung eines Bescheids – Rechtsschutz.

Es werden hier nun nicht die einzelnen Verfahrensschritte des AVG angeführt, zumal diese in dem folgenden Kapitel II Baubehördliches Verfahren mitbehandelt werden.

2.3. Sonstige Verwaltungsverfahrensgesetze

Dass das AVG von den Baubehörden der Gemeinden überhaupt anzuwenden ist, ergibt sich aus dem Einführungsgesetz zu den Verwaltungsverfahrensgesetzen 2008 – EGVG. Demnach ist von den Organen der Gemeinden gemäß Artikel I Abs 2 B. Z 26 EGVG das AVG in vollem Umfang und das Verwaltungsstrafgesetz – VStG mit Ausnahmen bei behördlichen Verfahren anzuwenden.

Für die Baubehörden von gewisser Relevanz sind weiters das Verwaltungsstrafgesetz 1991 - VStG. In § 118 Stmk BauG finden sich die Strafbestimmungen, wonach verschiedenste dort angeführte Tatbestände eine Verwaltungsübertretung darstellen und mit Geldstrafen bedroht sind. Begeht nun jemand eine solche Verwaltungsübertretung und wird diese der Baubehörde bekannt, dann ist dieses Vergehen der Bezirksverwaltungsbehörde anzuzeigen. Nach § 25 Abs 1 VStG besteht hierbei der Grundsatz der Amtswegigkeit der Strafverfolgung. Die Bezirksverwaltungsbehörde ist gemäß § 26 Abs 1 VStG für die Durchführung des Strafverfahrens, die Bemessung und Verhängung der Strafe zuständig.

---

[56] Vgl §§ 1, 4, 9, 13 Abs 1 AVG ua.
[57] Vgl zB § 39 Abs 2 AVG.
[58] *Kolonovits/Muzak/Stöger/Walter*, Grundriss[10], Rz 15.

Das Verwaltungsvollstreckungsgesetz 1991 - VVG fällt gemäß EGVG nicht in den Anwendungsbereich der Organe der Gemeinden. Es ist deshalb erwähnenswert, da zB die in Baubescheiden vorgeschriebenen Auflagen oder die erteilten baupolizeilichen Aufträge bei Nichterfüllung durch die Bauwerber von der Behörde zu vollstrecken sind. Voraussetzung dafür ist, dass ein vollstreckbarer Bescheid vorliegt, der also formell in Rechtskraft erwachsen ist, und die Gemeinde ein entsprechendes Ersuchen an die Bezirksverwaltungsbehörde als die nach § 1 Abs 1 VVG zuständige Behörde richtet. Die Bezirksverwaltungsbehörde hat sich bei der Handhabung der Zwangsbefugnisse an den Verhältnismäßigkeitsgrundsatz zu halten, dass jeweils das gelindeste noch zum Ziel führende Zwangsmittel anzuwenden ist.[59]

Bei der Erzwingung von vertretbaren Leistungen, zB zur Vollstreckung eines baupolizeilichen Instandsetzungsauftrages oder eines Auftrags zur Beseitigung einer konsenslos errichteten baulichen Anlage, kann Ersatzvornahme angeordnet werden.[60]

Das Zustellgesetz 1982 - ZustellG[61] ist bei den Verwaltungsverfahrensgesetzen mit anzuführen, da die Baubehörden dieses bei der Übermittlung von Dokumenten zu beachten haben. Parteien eines Verfahrens ist im Sinne dieses Gesetzes ordnungsgemäß zuzustellen, damit es zu keinen Verfahrensfehlern oder -verzögerungen kommt. Zuzustellen sind im Bauverfahren zB die Ladung (Verständigung) zur Bauverhandlung und der abschließende Baubescheid oder die Übermittlung eines Gutachtens zum Parteiengehör. Die Zustellung erfolgt im Bauverfahren üblicherweise mittels Zustellnachweis (Zustellschein, Rückschein) im Sinne § 22 ZustellG.

---

[59] § 2 Abs 1 VVG.

[60] § 4 Abs 1 VVG; *Adamovich/Funk*, Allgemeines Verwaltungsrecht^3, 383.

[61] Bundesgesetz über die Zustellung behördlicher Dokumente – Zustellgesetz, BGBl 1982/200.

3. Begriffsbestimmungen

Einige wenige für die Behandlung des Themas grundlegende Begriffe sollen näher erläutert und klargelegt werden.

3.1. Bauliche Anlage

Der Begriff der „baulichen Anlage“ findet sich in § 4 Z 13 Stmk BauG. Dort wird dazu ausgeführt: „eine Anlage, die mit dem Boden in Verbindung steht und zu deren fachgerechter Herstellung bautechnische Kenntnisse erforderlich sind.

Eine Verbindung mit dem Boden besteht schon dann, wenn die Anlage

- durch eigenes Gewicht auf dem Boden ruht oder
- auf ortsfesten Bahnen begrenzt beweglich ist oder
- nach dem Verwendungszweck bestimmt ist, überwiegend ortsfest benutzt zu werden.“[62]

Üblicherweise werden die Begriffe bauliche Anlage, Bauwerk, Baulichkeit und Bau gleichgesetzt. In der Begriffsbestimmung wurde der in der Rechtsprechung und im Schrifttum übliche Begriffe „bauliche Anlage“ an die Spitze gestellt.[63]

Vom Begriff „bauliche Anlage“ (Bauwerk) sind alle Arten von Anlagen umfasst, oberirdische wie unterirdische, besitzen sie nun Gebäudeeigenschaften oder nicht, sofern die oben genannten Voraussetzungen erfüllt sind[64]. Der Begriff geht also über die Definition von „Gebäude“[65] gemäß § 4 Z 29 Stmk BauG hinaus, obwohl das Baurecht häufig mit der Errichtung oder Veränderung von Gebäuden assoziiert wird.

An das Erfordernis „bautechnische Kenntnisse“ werden keine zu großen Ansprüche gestellt.

---

[62] Lt stRsp des VwGH (vgl VwSlg 4125 A/1956), *Lindermuth* in *Poier/Wieser* (Hrsg) Steiermärkisches Landesrecht, 270.

[63] *Trippl/Schwarzbeck/Freiberger*, Steiermärkisches Baurecht[5], § 4 A 131.

[64] *Eisenberger/Hödl*, Einführung[3], 28.

[65] „überdeckte, allseits oder überwiegend umschlossene Bauwerke“

Entscheidend ist auch nicht das tatsächliche Vorhandensein von bautechnischen Kenntnissen bei der Errichtung, sondern ob zur ordnungsgemäßen Ausführung derartige Kenntnisse erforderlich sind.[66]

Auch bei Verwendung von vorgefertigten Teilen oder vorgefertigten Anlagen wie zum Beispiel Silos, Bunkereinheiten oder Mischer, sowie bei rascher Montagemöglichkeit ist von bautechnischen Kenntnissen auszugehen[67]. Sogar das bloße Aufstellen von Metallcontainern (Lagercontainern) stellt nach einem VwGH-Erkenntnis eine bauliche Anlage dar.[68]

Nicht als bauliche Anlage zu verstehen sind „Motoren, Maschinen, Apparate oder Ähnlichem" gemäß § 20 Z 5 Stmk BauG. Dies ergibt sich allein auf Grund der unterschiedlichen Bedeutung dieser Begriffe auf Grund des allgemeinen Sprachgebrauches. So bedarf eine bauliche Anlage jedenfalls zur Herstellung insbesondere bautechnischer Kenntnisse, während ein Motor, eine Maschine, ein Apparat zur Herstellung überwiegend andere Kenntnisse, wie etwa maschinenbautechnische oder elektrotechnische Kenntnisse, erfordert.[69]

Aufgrund des weit gefassten Begriffes von baulichen Anlagen werden die meisten Bauvorhaben darunter zu subsumieren sein, sodass es nicht so sehr die Aufgabe der Baubehörde ist, eine bauliche Anlage als solche festzustellen. Vielmehr gilt es, die baulichen Anlagen in jene zu unterscheiden, die dem Baugesetz unterliegen und den vorgesehenen Verfahren zugeordnet werden, und jenen, die gemäß § 3 Stmk BauG vom Baugesetz ausgenommen sind und eventuell einer anderen Bewilligung bedürfen.

---

[66] *Lindermuth* in *Poier/Wieser* (Hrsg) Steiermärkisches Landesrecht, 270.
[67] VwGH 21.2.1979, Slg 9772 A.
[68] VwGH 31.1.2008, 2008/06/0243; *Eisenberger/Hödl*, Einführung^3, 28; ausf *Lindermuth* in *Poier/Wieser* (Hrsg) Steiermärkisches Landesrecht, 270.
[69] VwGH 17.12.2009, 2008/06/0097.

3.2. Bauwerber

Die Definition für den Begriff Bauwerber lautet nach § 4 Z 15 Stmk BauG: „Eine Person, die eine Baubewilligung beantragt oder ein anzeigepflichtiges Vorhaben anzeigt“.

Das klingt fürs Erste ziemlich eindeutig und klar. Bei näherer Betrachtung des Wortes „Person“ ist anzumerken, dass auch zwei oder mehrere Personen einen solchen Antrag stellen oder eine solche Anzeige einbringen können, wobei in beiden Fällen dies schriftlich zu erfolgen hat.[70]

Unter Person werden sowohl natürliche als auch juristische Personen verstanden. Beiden gemeinsam ist, dass sie über die Rechtsfähigkeit, das ist die Fähigkeit, Träger von Rechten und Pflichten zu sein, und die Handlungsfähigkeit, das ist die Fähigkeit, durch Handeln und Unterlassen Rechtsfolgen zu bewirken, in jeder Lage des Verfahrens verfügen müssen.[71]

Bei natürlichen Personen ist ab Erreichen der Volljährigkeit[72] im Allgemeinen die volle Rechts- und Handlungsfähigkeit gegeben. Natürliche Personen können sich durch andere eigenberechtigte natürliche und juristische Personen vertreten lassen, wobei dazu eine schriftliche Vollmacht vorzuweisen ist, oder die Vollmacht mündlich vor der Behörde erteilt wird. Bei berufsmäßigen Parteienvertretern wie Rechtsanwälten, Notaren oder Ziviltechnikern genügt die Berufung auf die ihnen erteilte Vollmacht. Bei amtsbekannten Familienmitgliedern, Haushaltsangehörigen, Angestellten oder Funktionären von beruflichen oder anderen Organisationen kann die Behörde von der Beibringung einer Vollmacht absehen.[73]

---

[70] Siehe § 22 Abs 1 bzw § 33 Abs 1 Stmk BauG.
[71] *Trippl/Schwarzbeck/Freiberger*, Steiermärkisches Baurecht[5], § 4 A 132.
[72] Ab dem 18. Lebensjahr gem § 21 Abs 2 ABGB.
[73] *Trippl/Schwarzbeck/Freiberger*, Steiermärkisches Baurecht[5], § 4 A 132 f.

Juristische Personen werden durch die nach ihren Satzungen berufenen Organe vertreten. Die Baubehörde hat in diesen Fällen diese Vertretungsbefugnis zu prüfen (zB Auszug aus dem Firmenbuch, Unternehmensregister, Vereinsregister usw).

Bauwerber müssen selbst nicht Grundeigentümer des von ihnen zu bebauenden Grundstückes sein. Diesfalls ist jedoch die Zustimmung des Grundeigentümers/der Grundeigentümer oder Miteigentümer zum konkreten Bauvorhaben nachzuweisen[74].

Bauwerbern, denen eine Baubewilligung oder die Genehmigung der Baufreistellung erteilt wird, werden dann zu sogenannten Bauherren[75].

3.3. Nachbar

Der Nachbar-Begriff ist in § 4 Z 44 Stmk BauG sehr ausführlich formuliert. Nachbar ist gemäß dieser Definition „Eigentümer oder Inhaber eines Baurechtes (Bauberechtigter) der an den Bauplatz angrenzenden Grundflächen sowie jener Grundflächen, die zum vorgesehenen Bauplatz in einem solchen räumlichen Naheverhältnis stehen, dass vom geplanten Bau oder dessen konsensgemäßer Benützung Einwirkungen auf diese Grundflächen ausgehen können,
gegen welche die Bestimmungen dieses Gesetzes Schutz gewähren, oder dass von einer genehmigten gewerblichen oder landwirtschaftlichen oder forstwirtschaftlichen Betriebsanlage Einwirkungen auf den Bauplatz ausgehen können".

Jedenfalls Nachbarn sind Eigentümer von Grundstücken, die direkt an den Bauplatz angrenzen (Anrainernachbar). Darüber hinaus jene Eigentümer, deren Grundstücke sich in einem solchen Naheverhältnis befinden, dass sie in ihren Rechten beeinflusst oder beeinträchtigt sein können (Betroffenheitsnachbar).[76]

---

[74] Siehe § 22 Abs 2 Z 2 bzw § 33 Abs 2 Z 2 Stmk BauG; *Lindermuth* in *Poier/Wieser* (Hrsg) Steiermärkisches Landesrecht, 280.

[75] Definition gem § 4 Z 11 Stmk BauG.

[76] Siehe *Lindermuth* in *Poier/Wieser* (Hrsg) Steiermärkisches Landesrecht, 284; *Trippl/Schwarzbeck/Freiberger*, Steiermärkisches Baurecht[5], § 4 A 137.

Die Feststellung der Nachbarn, die als Anrainer gelten, ist durch einen Blick in den Grundstückskataster relativ einfach zu ermitteln. Der Katasterplan gibt die Lage der Grundstücke wieder und lassen sich daraus jene Grundstücke mit Grundstücksnummern feststellen, die an einem Baugrundstück angrenzen. Mit diesen Grundstücksnummern können aus der Grundstücksdatenbank des Vermessungsamtes dann die jeweiligen Grundeigentümer als Anrainer eruiert werden. Diese solcherart ermittelten „anrainenden" Nachbarn sind jedenfalls und immer Nachbarn, und zwar unabhängig davon, ob Einwirkungen auf die Nachbargrundfläche stattfinden können oder nicht[77].

Schwieriger gestaltet sich die Feststellung der Nachbareigenschaft bei jenen Grundeigentümern, die mit ihrem Grundstück sich in einem solchen räumlichen Naheverhältnis befinden, dass sie durch das zu bewilligende Vorhaben in ihren Rechten beeinflusst werden können[78]. Es ist dies eine Frage, die im konkreten Bauverfahren von der Baubehörde zu klären ist. Die bloße Möglichkeit von Rückwirkungen des Bauvorhabens auf Grundflächen eines Nachbarn begründet dessen Parteistellung im Baubewilligungsverfahren. Dabei ist diese Möglichkeit ausreichend, sofern mit ihnen gerechnet werden muss (vgl VwSlg 8896 A/1912, 6670 A ua). Maßgeblich ist nicht, ob nachteilige Einwirkungen tatsächlich eintreten[79].

Neben den im Grundbuch eingetragenen Eigentümern sind auch die Inhaber eines Baurechtes (Bauberechtigte) vom Nachbarbegriff umfasst. Baurechtsinhaber erhalten durch einen Baurechtsvertrag im Sinne des zivilen Baurechtsgesetzes (RGBl 1912/86, zuletzt idF BGBl I 2012/30) das dingliche, veräußerliche und vererbliche Recht, auf einem fremden Grundstück ein Bauwerk zu haben.

---

[77] *Eisenberger/Hödl*, Einführung[3], 35; vgl *Trippl/Schwarzbeck/Freiberger*, Steiermärkisches Baurecht[5], § 4 A 137.
[78] VwGH 20.10.1994, 94/06/0120.
[79] VwGH 28.04.1988, 85/06/0114; *Lindermuth* in *Poier/Wieser* (Hrsg) Steiermärkisches Landesrecht, 284; *Trippl/Schwarzbeck/Freiberger*, Steiermärkisches Baurecht[5], § 26 E 309.

Das Baurecht wird im Lastenblatt (C-Blatt) der Liegenschaft grundbücherlich eingetragen und eine eigene Baurechtseinlage dazu eröffnet.[80]

Vom Nachbarbegriff (Eigentümer, Baurechtsinhaber) jedenfalls nicht erfasst sind sonstige dinglich Berechtigte[81] wie Bestandnehmer und Prekaristen (Pächter, Mieter), Fruchtgenußberechtigte, Eigentümer eines Superädifikats[82], Ersitzungsbesitzer[83] oder Servitutsberechtigte[84], sowie Erwerber einer Liegenschaft aufgrund eines Kaufvertrages, die (noch) nicht im Grundbuch eingetragen sind[85].

Der letzte Teilsatz in der Nachbardefinition des § 4 Z 44 Stmk BauG berücksichtigt das Problem der heranrückenden Wohnbebauung und stellt nicht auf vom geplanten Bau ausgehende Einwirkungen ab, sondern umgekehrt auf Immissionen, die von einer in der Nähe bestehenden Betriebsanlage ausgehen und auf den Bauplatz einwirken können[86].

Aus gleichheitsrechtlichen Erwägungen[87] sollen auch bestehende Emissionsquellen von bereits bewilligten gewerblichen oder land- oder forstwirtschaftlichen Betriebsanlagen geschützt werden, die erst durch die Errichtung von baulichen Anlagen in ihrer Umgebung ihre beeinträchtigende Wirkung entfalten können. Den Betriebsanlageninhabern kommt mit dieser erweiterten Nachbardefinition ein Recht zu, dass immissionssensible Bauvorhaben nicht im Emissionsbereich dieser Betriebsanlagen errichtet werden, und sie in der Folge mit zusätzlichen Auflagen zu rechnen hätten.[88]

---

80 *Trippl/Schwarzbeck/Freiberger*, Steiermärkisches Baurecht[5], § 22 A 262.
81 VwGH 27.8.2013, 2011/06/0089; 12.10.1982, 82/06/0108.
82 VwGH 15.9.1987, 87/05/0144.
83 VwGH 18.4.1985, 85/06/0046.
84 VwGH 23.1.1986, 85/06/0226.
85 VwGH 22.9.1987, 86/05/0165; LVwG 50.21-2139/2016.
86 *Trippl/Schwarzbeck/Freiberger*, Steiermärkisches Baurecht[5], § 4 A 138.
87 Siehe dazu VfSlg 15.691/1999.
88 *Lindermuth* in *Poier/Wieser*, Steiermärkisches Landesrecht, 267.

3.4. Baubehörde

Die Baubehörde ist jene Behörde, die mit staatlicher Gewalt ausgestattet im Einzelfall die Bestimmungen des Stmk BauG zu vollziehen hat. Sie hat die rechtlichen Normen in die Wirklichkeit umzusetzen, insbesondere die im Gesetz vorgesehenen Bescheide zu erlassen.[89]

Der Begriff Baubehörde wird in § 4 Stmk BauG nicht definiert und findet sich seit der Baugesetznovelle 2013[90] auch nicht mehr in § 2 leg cit bei der Behördenzuständigkeit, da dieser Paragraf zur Gänze gestrichen wurde.

Die sachliche und örtliche Zuständigkeit der Behörden richtet sich nach den jeweiligen Verwaltungsvorschriften gemäß § 1 AVG.

Die sachliche Zuständigkeit ergibt sich wie bereits im Kapitel Verfassungsbestimmungen ausgeführt zum einen einmal direkt aus der Bundesverfassung, nachdem die Gemeinden zur Besorgung der Aufgaben der örtlichen Baupolizei gemäß Art 118 Abs 3 Z 9 B-VG zuständig sind.

Für die Gemeinden des Landes Steiermark findet sich die Zuständigkeit weiters in der Steiermärkischen Gemeindeordnung 1967 - GemO[91]. Gemäß § 40 Abs 2 Z 9 GemO sind der Gemeinde zur Besorgung im eigenen Wirkungsbereich die behördlichen Aufgaben der örtlichen Baupolizei zugewiesen.

Gemäß § 45 Abs 2 Unterpunkt b Stmk GemO obliegt dem Bürgermeister die Entscheidung und Verfügung in allen gemeindebehördlichen Angelegenheiten des eigenen Wirkungsbereiches, sofern hierfür gesetzlich nicht ein anderes

---

[89] *Trippl/Schwarzbeck/Freiberger*, Steiermärkisches Baurecht[5], 67.
[90] Steiermärkisches Landesverwaltungsgerichts-Anpassungsgesetz LGBl 2013/87.
[91] Gesetz vom 14. Juni 1967, mit dem für die Gemeinden des Landes Steiermark mit Ausnahme der Städte mit eigenem Statut eine Gemeindeordnung erlassen wird (Steiermärkische Gemeindeordnung 1967 – GemO).

Gemeindeorgan zuständig ist. Nachdem sich aus den Bestimmungen des Wirkungskreises des Gemeinderates (§ 43 GemO) und des Gemeindevorstandes (§ 44 GemO) keine Zuständigkeit für Bauangelegenheiten dieser Organe ergibt, hat der Bürgermeister als Baubehörde I. Instanz tätig zu sein. Dem Gemeinderat kommt gemäß § 93 GemO als Berufungsinstanz gegen Bescheide in Angelegenheiten des eigenen Wirkungsbereichs die Ausübung oberbehördlicher Befugnisse zu[92].

Hinsichtlich der örtlichen Zuständigkeit findet sich im Stmk BauG kein diesbezüglicher Hinweis. Es sind somit die Regelungen des § 3 AVG zu beachten. Demnach richtet sich die örtliche Zuständigkeit bei Sachen, die sich auf ein unbewegliches Gut beziehen, nach der Lage des Gutes[93]. Bei einer geplanten oder bereits errichteten baulichen Anlage kann man von einem unbeweglichem Gut sprechen. Örtlich zuständig ist also die Gemeinde, auf dessen Gemeindegebiet die bauliche Anlage geplant oder errichtet ist.

Zu erwähnen ist hierbei auch, dass bei Bauvorhaben, welche sich über zwei oder mehrere Gemeinden erstrecken, die jeweiligen Baubehörden der betroffenen Gemeinden einvernehmlich vorzugehen haben. Dies ergibt sich aus den Bestimmungen des § 4 AVG und führt dann nach Abhaltung gemeinsamer Bauverhandlungen zur Erlassung inhaltlich im Wesentlichen übereinstimmender Bescheide durch die beteiligten Behörden für ihren jeweiligen Gebietsbereich.

Als Baubehörde kann auch die Bezirksverwaltungsbehörde tätig sein, wenn, wie bereits dargestellt, eine wirksame Übertragung der baurechtlichen Zuständigkeit (Bau-Übertragungsverordnung) im Zusammenhang mit Betriebsanlagengenehmigungsverfahren besteht. In zweiter Instanz war diesfalls die Landesregierung bis zum Wirksamwerden der Verwaltungsgerichtsbarkeits-Novelle

[92] Vgl *Eisenberger/Hödl*, Einführung[3], 19.
[93] § 3 Z 1 AVG.

2012 zuständig[94]. Seit 2014 gibt es für diese von der Bezirksverwaltungsbehörde geführten Bauverfahren keine zweite Behördeninstanz mehr. Es kann gegen den Baubescheid der Bezirksverwaltungsbehörde unmittelbar Beschwerde beim Landesverwaltungsgericht eingebracht werden.

[94] *Lindermuth* in *Poier/Wieser,* Steiermärkisches Landesrecht, 265.

II Baubehördliche Verfahren

Zu den häufigsten und damit wichtigsten Verfahren, die Baubehörden im Umgang mit Bauwerbern und Nachbarn zu führen haben, gehören das Baubewilligungsverfahren nach §§ 22 ff Stmk BauG und die baupolizeilichen Verfahren nach § 41 Stmk BauG.

Da sich Interessenskonflikte zwischen Bauwerbern und Nachbarn bei Bauvorhaben überwiegender Weise in einem Baubewilligungsverfahren ergeben können, soll dieses Verfahren in all seinen Stufen von der Baueinreichung und Prüfung beginnend, über die Kundmachung und Durchführung einer Verhandlung selbst, bis zur Entscheidung durch Erlassung eines Bescheides und den möglichen Rechtsmitteln dazu kurz skizziert werden.

Durch Anzeigen von Nachbarn an die Baubehörde über das Bestehen von baulichen und/oder rechtlichen Missständen an Nachbargrundstücken oder darüber hinaus, werden häufig baupolizeiliche Erhebungen eingeleitet, die zu verschiedensten bescheidmäßigen Erledigungen führen können. Auch diese Varianten der baupolizeilichen Verfahren werden nachfolgend kurz dargestellt.

1. Baubewilligungsverfahren

Die Bestimmungen über das Baubewilligungsverfahren finden sich in §§ 22 ff Stmk BauG.

Es ist ein Mehrparteienverfahren, denn sowohl Bauwerber, Grundeigentümer oder Bauberechtige (falls diese vom Bauwerber verschieden sind), sowie Nachbarn sind Partei dieses Verfahrens[95].

---

[95] *Lindermuth* in *Poier/Wieser*, Steiermärkisches Landesrecht, 279.

1.1. Abgrenzung zu anderen Bauverfahren

Im Stmk BauG sind in verfahrensrechtlicher Hinsicht baubewilligungspflichtige, anzeigepflichtige und baubewilligungsfreie Bauvorhaben zu unterscheiden. Zur Differenzierung besteht ein System absteigender Generalklauseln[96].

Alle in § 19 Stmk BauG angeführten Vorhaben[97] unterliegen der Baubewilligungspflicht. Es sind dies laut der Anfangsdefinition des § 19 leg cit „[...] Vorhaben, sofern sich aus den §§ 20 und 21 nichts anderes ergibt [...]". Die Bewilligungspflicht ist gegenüber der Anzeigepflicht und der Bewilligungsfreiheit somit subsidiär[98]. Alle Bauvorhaben, die nicht unter die Tatbestände der §§ 20 oder 21 Stmk BauG fallen, unterliegen dem Baubewilligungsverfahren.

Bewilligungspflichtig sind vor allem Neu-, Zu- und Umbauten baulicher Anlagen (§ 19 Z 1 Stmk BauG), wesentliche Änderungen des Verwendungszwecks von baulichen Anlagen (Nutzungsänderungen laut Z 2 leg cit) sowie die Errichtung, Änderung oder Erweiterung von Abstellflächen für Kraftfahrzeuge, Garagen und Nebenanlagen (Z 3 leg cit).

1.2. Bauansuchen

Die Baubewilligung ist ein antragsbedürftiger Verwaltungsakt. Das Baubewilligungsverfahren kann nur durch schriftlichen Antrag (Bauansuchen) bei der Baubehörde eingeleitet werden (§ 22 Abs 1 Stmk BauG).[99]

---

[96] Ausf dazu *Lindermuth* in *Poier/Wieser,* Steiermärkisches Landesrecht, 274.

[97] Begriff Vorhaben wurde vom Gesetzgeber gewählt, weil Z 5 und 6 nicht bauliche Maßnahmen zum Gegenstand haben; siehe dazu *P. Frank/Teschinegg/Skalicki*, Raumordnungsrecht[4], § 19 A 260.

[98] *Lindermuth* in *Poier/Wieser,* Steiermärkisches Landesrecht, 278.

[99] *Trippl/Schwarzbeck/Freiberger*, Steiermärkisches Baurecht[5],§ 22 EB 260; *Lindermuth* in *Poier/Wieser,* Steiermärkisches Landesrecht, 279.

Wer Bauwerber sein kann und welche Voraussetzungen dazu gegeben sein müssen, wurde bereits in Kapitel I Einführung Unterpunkt 3.2. Bauwerber bei den Begriffsbestimmungen dargelegt.

Gegenstand des Verfahrens ist ausschließlich das vom Bauwerber eingereichte Projekt[100].

Eine Projektänderung während des Verfahrens ist zulässig, sofern das „Wesen des Bauvorhabens“ nicht geändert wird. Dabei darf zum einen der Charakter des Bauvorhabens (etwa Wohngebäude oder Stall) nicht geändert, zum anderen die Bausubstanz höchstens geringfügig erweitert werden. Ansonsten ist ein neuerliches Bauansuchen einzubringen.[101]

1.3. Vorbegutachtung und Prüfung

Dem Bauansuchen sind gemäß § 22 Stmk BauG eine Reihe von Unterlagen anzuschließen. Hervorzuheben sind die Baupläne (Lageplan, Grundrisse, Schnitte, Ansichten) und die Baubeschreibung (vgl § 23 Stmk BauG - Projektunterlagen), die in zweifacher Ausfertigung, vom Bauwerber und den Grundeigentümern oder Bauberechtigten unterfertigt, vorzulegen und von gesetzlich Berechtigten (zB Baumeister oder Architekten) zu verfassen sind.[102]

Die in § 23 Stmk BauG umschriebenen Anforderungen an ein Bauvorhaben sollen einerseits Planern als Checkliste dienen und andererseits die Baubehörde in die Lage versetzen, sich über das Bauvorhaben hinsichtlich Konstruktion, Gestaltung und Auswirkungen auf die Umgebung ein klares Bild zu verschaffen[103].

---

[100] Vgl VwSlg 15.821 A/2002.

[101] Vgl VwSlg 10.526 A/1981; VwGH 1.4.2008, 2004/06/0114; *Lindermuth* in *Poier/Wieser*, Steiermärkisches Landesrecht, 280.

[102] § 24 Abs 1 letzter Satz Stmk BauG; *Eisenberger/Hödl*, Einführung^3, 76 f; *Lindermuth* in *Poier/Wieser*, Steiermärkisches Landesrecht, 280.

[103] *P. Frank/Teschinegg/Skalicki*, Raumordnungsrecht und Baurecht^4, § 23 A 275.

Die Behörde ist zur umgehenden Prüfung der Mängelfreiheit des Antrages und der Vollständigkeit der Unterlagen gemäß § 13 Abs 3 AVG verpflichtet. Bei mangelhaftem Ansuchen bzw Fehlen von Unterlagen (sog verbesserungsfähiger Mangel) hat die Behörde einen Verbesserungsauftrag mit Setzung einer angemessenen Nachfrist zu erteilen. Wird dem Verbesserungsauftrag entsprochen, gilt das Ansuchen als ursprünglich richtig eingebracht. Ansonsten ist das Ansuchen mittels Bescheid zurückzuweisen, welches einem neuerlichen Antrag nicht entgegensteht.[104]

1.4. Ladung und Kundmachung

Die Behörde kann gemäß § 24 Stmk BauG bei Vorliegen eines mangelfreien und vollständigen Bauansuchens eine mündliche Bauverhandlung durchführen. Diese ist dann zwingend mit einem Ortsaugenschein zu verbinden.[105]

Eine mündliche Verhandlung ist dort zweckmäßig, wo durch das Bauvorhaben Nachbarrechte gemäß § 26 Abs 1 Stmk BauG berührt sein können. Ein Rechtsanspruch auf die Durchführung einer mündlichen Verhandlung besteht jedoch nicht.[106]

Gemäß § 25 Abs 1 Stmk BauG hat die Anberaumung einer Bauverhandlung durch persönliche Verständigung der bekannten Beteiligten zu erfolgen. Zu den bekannten Beteiligten zählen neben Bauwerber und Grundeigentümer etwa Nachbarn, die der Behörde durch das vorgelegte Verzeichnis nach § 22 Abs 2 Z 4 Stmk BauG[107] bekannt geworden sind.
Darüber hinaus ist die Verhandlung durch Anschlag in der Gemeinde („Amtstafel“) oder durch Verlautbarung in der für amtliche Kundmachungen der Behörde bestimmten Zeitung kundzumachen[108].

[104] *Trippl/Schwarzbeck/Freiberger*, Steiermärkisches Baurecht[5], § 22 A 261.
[105] *Lindermuth* in *Poier/Wieser,* Steiermärkisches Landesrecht, 280.
[106] *Lindermuth* in *Poier/Wieser,* Steiermärkisches Landesrecht, 280 f.
[107] Verzeichnis der Grundstücke, die bis zu 30,0 m von den Bauplatzgrenzen entfernt liegen, jeweils mit Namen und Anschriften der Eigentümer dieser Grundstücke.
[108] § 25 Abs 1 letzter Satz Stmk BauG; *Eisenberger/Hödl*, Einführung [3], 79.

Eine zusätzliche Kundmachung „in geeigneter Form" gemäß § 42 Abs 1 AVG, wozu § 27 Abs 1 letzter Satz Stmk BauG ausführt, dass eine Kundmachungsform dann geeignet ist, wenn sie sicherstellt, dass ein Nachbar von der Anberaumung der Bauverhandlung voraussichtlich Kenntnis erlangt, ermöglicht es, dass es zum Verlust der Parteistellung (Präklusion) kommen kann[109].

Die Kundmachung im Internet unter der Adresse der Behörde gilt gemäß § 42 Abs 1a AVG als geeignet, wenn sich aus einer dauerhaften Kundmachung an der Amtstafel der Behörde ergibt, dass solche Kundmachungen im Internet erfolgen können und unter welcher Adresse sie erfolgen. Sonstige Formen geeigneter Kundmachungen sind zB der Anschlag an einer Haustafel eines Mehrparteienwohnhauses oder eine Postwurfsendung.[110]

Die Verhandlung ist so anzuberaumen, dass alle Beteiligten rechtzeitig und vorbereitet erscheinen können[111].

Die Ladung hat unter Hinweis auf die Rechtsfolgen des § 42 AVG (Präklusion) zu erfolgen, ansonsten die Parteien nicht gehindert sind, auch nach der mündlichen Verhandlung gegen das Bauvorhaben Einwendungen zu erheben[112].

Erst durch die Verständigung zur mündlichen Verhandlung wird der Gegenstand der Verhandlung – das Prozessthema – bestimmt. Ab diesem Zeitpunkt kommt die Erhebung von Einwendungen in Betracht.[113]

---

[109] *P. Frank/Teschinegg/Skalicki*, Raumordnungsrecht und Bauvorschriften[4], § 27 EB 284.
[110] *Trippl/Schwarzbeck/Freiberger*, Steiermärkisches Baurecht[5], § 27 A 359 f.
[111] *Lindermuth* in *Poier/Wieser*, Steiermärkisches Landesrecht, 281.
[112] *P. Frank/Teschinegg/Skalicki*, Raumordnungsrecht und Bauvorschriften[4], § 25 E 279.
[113] *Trippl/Schwarzbeck/Freiberger*, Steiermärkisches Baurecht[5], § 26 E 312.

1.5. Bauverhandlung und Ortsaugenschein

Die Bauverhandlung dient der Ermittlung des maßgeblichen Sachverhalts und der Wahrnehmung des Parteiengehörs[114]. Das Bauvorhaben wird dabei auf seine Übereinstimmung mit den von der Baubehörde wahrzunehmenden Vorschriften – unter Beiziehung der erforderlichen Sachverständigen – geprüft und haben Nachbarn und sonstige Parteien und Beteiligte die Möglichkeit, zu dem Bauvorhaben Stellung zu nehmen[115].

Die Leitung der Verhandlung hat durch das vom Gesetz betraute Organ (Verhandlungsleiter) nach den näheren Regelungen des § 43 AVG zu erfolgen[116].

Über jede mündliche Verhandlung ist eine Niederschrift nach §§ 14 f AVG aufzunehmen (§ 44 Abs 1 AVG). Dem Protokoll mit den zulässigen und mündlich zu äußernden Vorbringen der Parteien sind schriftliche Mitteilungen von Beteiligten sowie Berichte und schriftliche Sachverständigengutachten anzuschließen.[117]

Die bei der Verhandlung aufliegenden Projektunterlagen werden von der Behörde mit einem Sichtvermerk („Vidierung") versehen. Damit wird der Verhandlungsgegenstand für alle Beteiligten klar ersichtlich gemacht.[118]

1.6. Sachverständigengutachten

Die Baubehörde bedient sich zur Beurteilung und Begutachtung eines Bauvorhabens in fachlicher Hinsicht der Sachverständigen. Aus welchen Fachgebieten Sachverständige beizuziehen sind, ergibt sich aus der Natur eines Bauvorhabens.

---

[114] *Lindermuth* in *Poier/Wieser,* Steiermärkisches Landesrecht, 281.
[115] *P. Frank/Teschinegg/Skalicki*, Raumordnungsrecht und Bauvorschriften[4], § 24 A 276.
[116] *Kolonovits/Muzak/Stöger/Walter*, Grundriss des österreichischen Verwaltungsverfahrensrechts[10], Rz 298.
[117] *Kolonovits/Muzak/Stöger/Walter*, Grundriss des österreichischen Verwaltungsverfahrensrechts[10], Rz 303.
[118] *Eisenberger/Hödl*, Einführung [3], 77.

Regelmäßig wird ein Sachverständiger auf dem Gebiet des Bauwesens heranzuziehen sein, und bei Bauführungen, die Feuerstätten und Rauchfänge enthalten, kommt der Rauchfangkehrermeister hinzu. In vielen Fällen werden noch andere Sachverständige (Geologen, Statiker, Brandschutzsachverständige udgl), sowie im Einzelfall immissionstechnische und medizinische Sachverständige beizuziehen sein.[119]

Als Sachverständige dürfen nur natürliche Personen herangezogen werden, welche die im jeweiligen (Materien-)Gesetz vorgesehenen Qualifikationserfordernisse erfüllen. Sachverständige sind Personen, die auf Grund eines besonderen fachlichen Wissens über für die Entscheidung erhebliche Tatsachen Auskunft zu erteilen in der Lage sind. Ob das Fachwissen durch Kenntnisse auf Gebieten von Wissenschaften oder etwa auf Gebieten eines Handwerks oder aufgrund einer geschäftlichen Tätigkeit erworben wurde, spielt keine entscheidende Rolle, denn es kommt vielmehr auf die jeweils maßgebenden Fachkenntnisse zum Thema des Verfahrens an.[120]

Die Behörde hat zunächst nach § 52 Abs 1 AVG die ihr beigegebenen oder ihr zur Verfügung stehenden amtlichen Sachverständigen (Amtssachverständige) beizuziehen. Das sind in der Regel jene Sachverständige, die in einem Dienstverhältnis mit der Baubehörde (überwiegend Gemeinde) stehen oder bei anderen Behörden (zB Amt der Steiermärkischen Landesregierung) beschäftigt sind und im Rahmen der Amtshilfe auf Ersuchen der Baubehörde Gutachten und Stellungnahmen abgeben.

Stehen diese Amtssachverständigen nicht zur Verfügung, oder erscheint es mit Rücksicht auf die Besonderheit des Falles geboten, kann die Behörde ausnahmsweise andere geeignete Personen (nicht amtliche Sachverständige) beiziehen.[121]

---

[119] *P. Frank/Teschinegg/Skalicki*, Raumordnungsrecht und Bauvorschriften[4], § 24 A 276.
[120] VwGH 14.9.1982, 82/07/0097; VwSlg 10811 A/1982.
[121] Vgl § 52 Abs 2 AVG; *P. Frank/Teschinegg/Skalicki*, Raumordnungsrecht und Bauvorschriften[4], § 24 A 277.

Auch wenn diese Voraussetzungen des § 52 Abs 2 AVG nicht vorliegen, ist die Behörde seit der AVG-Novelle BGBl 1995/471 befugt, solche Personen unter den in § 52 Abs 3 AVG genannten Voraussetzungen als Sachverständige zu bestellen[122]. Begründet werden kann die Bestellung eines nicht amtlichen Sachverständigen demnach mit einer wesentlichen Beschleunigung des Verfahrens, vorausgesetzt derjenige, über dessen Ansuchen das Verfahren eingeleitet wurde, hat dies angeregt und die daraus entstehenden Kosten überschreiten nicht einen von dieser Partei bestimmten Betrag[123].

Jedenfalls müssen die Umstände, die zur Annahme führen, dass der Behörde kein Amtssachverständiger zur Verfügung steht, im Verwaltungsakt überprüfbar festgehalten werden[124]. Dies kann zumindest auch in einem Aktenvermerk beurkundet werden. Damit es zu keinem Verfahrensmangel kommt, ist in der Begründung der Sachentscheidung der Behörde dann darzulegen, aus welchen der in § 52 Abs 2 und 3 AVG genannten Gründen kein Amtssachverständiger beigezogen wurde[125]. Es kann jedoch aus der Unterlassung der ausreichenden Begründung der Nichtzuziehung eines amtlichen Sachverständigen allein keine wesentliche Verletzung von Verfahrensvorschriften gelegen sein[126].

Gemäß § 28 Abs 1 Stmk BauG wird bei der Landesregierung ein Verzeichnis über nichtamtliche Bausachverständige geführt und hat sich die Behörde mangels eigener Amtssachverständiger dieser zu bedienen.

Die Auswahl der konkreten Person des amtlichen oder nichtamtlichen Sachverständigen ist Sache der Behörde[127], sodass die Partei diesbezüglich nur

---

[122] VwGH 14.9.2004, 2001/10/0089.
[123] *Kolonovits/Muzak/Stöger/Walter*, Grundriss des österreichischen Verwaltungsverfahrensrechts[10], Rz 362.
[124] VwGH 25.6.2003, 2001/03/0066.
[125] VwSlg 14.625 A/1997; VwGH 14.9.2004, 2001/10/0089.
[126] VwGH 16.1.1984, 83/10/0224.
[127] VwGH 18.5.1977, 2378/76.

Vorschläge erstatten kann und gebietet das AVG nicht einmal, der Partei bei der Bestellung eines Sachverständigen Gehör zu gewähren[128].

Aufgabe des Sachverständigen ist es, bei der Feststellung des entscheidungsrelevanten Sachverhaltes dadurch mitzuwirken, dass er Tatsachen erhebt (Befund) und aus diesen auf Grund seiner besonderen Fachkunde Schlussfolgerungen zieht (Gutachten). Durch die Schlussfolgerungen des Sachverständigen sollen die von der Behörde zu klärenden Sachfragen nachvollziehbar beantwortet werden. Wichtig ist dabei, dass die Behörde zuvor die für ihre Entscheidung maßgeblichen Sachfragen stellt und auf deren Beantwortung durch den Sachverständigen achtet.

Sachverständige dürfen keine Rechtsfragen lösen[129] und unterliegen Sachverständigengutachten der freien Beweiswürdigung durch die Behörde[130].

1.7. Parteiengehör

Die von einem Verfahren betroffenen Personen werden gemäß § 8 AVG in Beteiligte und Parteien unterschieden. Beteiligte sind „Personen, die eine Tätigkeit der Behörde in Anspruch nehmen oder auf die sich die Tätigkeit der Behörde bezieht". Parteien haben darüber hinaus „an der Sache einen Rechtsanspruch oder ein rechtliches Interesse". Jede Partei ist damit Beteiligter, aber nicht jeder Beteiligte ist auch Partei[131].

Die genannte Unterscheidung ist von Bedeutung, weil die Partei nach dem AVG eine stärkere Rechtsstellung hat. Nur ihr kommen die prozessualen Rechte des AVG zu, wie etwa das Recht auf Akteneinsicht (§ 17 AVG), Parteiengehör (§§ 37, 43 Abs 2 u 3, § 45 Abs 3, § 65 AVG), Verkündung oder Zustellung des Bescheids (§ 62 Abs 2 u 3 AVG), Erhebung ordentlicher (Berufung, Vorlageantrag - §§ 63, 64a AVG) und

---

[128] VwGH 26.5.1993, 92/12/0096; vgl VwGH 24.1.1996, 95/03/0167.
[129] VwGH 27.10,1977, 1783, 1784/77; 22.1.1979, 61/78; 25.1.1995, 94/12/0304; 13.10.2010, 2010/06/0155 ua.
[130] *Kolonovits/Muzak/Stöger/Walter*, Grundriss des österreichischen Verwaltungsverfahrensrechts[10], Rz 358
[131] VwGH 8.2.1982, 707/80.

außerordentlicher Rechtsmittel (Wiederaufnahme des Verfahrens, Wiedereinsetzung in den vorigen Stand - §§ 69 u 71 AVG) usw.[132]

Nachbarn nach dem Stmk BauG sind jedenfalls Parteien. Ihnen kommt als Partei im Sinne der vorgenannten Ausführungen im Baubewilligungsverfahren jedoch ein beschränktes Mitspracherecht zu. Zur Geltendmachung ihrer eingeschränkten Rechte gemäß § 26 Stmk BauG bedarf es der rechtzeitigen Erhebung von zulässigen Einwendungen. Nachbarn haben spätestens bei der Bauverhandlung ihre Einwendungen zu erheben, andernfalls sie ihre Parteistellung verlieren und ihnen auch kein abschließender Bescheid zugestellt wird.

Die ausführliche Behandlung von Nachbarrechten erfolgt im späteren Kapitel IV „Die Stellung der Nachbarn".

1.8. Baubehördliche Entscheidung – Bescheid

Ein Baubescheid hat den gemäß § 58 Abs 1 AVG geforderten Kriterien der ausdrücklichen Bezeichnung als Bescheid, einen Spruch und eine Rechtsmittelbelehrung sowie die in § 18 Abs 4 AVG angeführten Punkte[133] zu enthalten.

Über das Bauansuchen ist mit schriftlichem Bescheid zu entscheiden (§ 29 Abs 1 Stmk BauG).

Auch dann, wenn das Bauansuchen abzuweisen ist, besitzt der Bauwerber einen Rechtsanspruch auf Entscheidung[134]. Eine mündliche Zusage über die Erteilung einer Baubewilligung ist bei geforderter Schriftform ohne rechtliche Bedeutung[135].

---

[132] *Kolonovits/Muzak/Stöger/Walter*, Grundriss des österreichischen Verwaltungsverfahrensrechts[10], Rz 114.

[133] § 18 Abs 4 AVG verlangt für jede schriftliche Ausfertigung die Bezeichnung der Behörde, das Datum der Genehmigung, den Namen des Genehmigenden, die Amtssignatur oder Unterschrift des Genehmigenden.

[134] *Trippl/Schwarzbeck/Freiberger*, Steiermärkisches Baurecht[5], § 29 A 387.

[135] *Trippl/Schwarzbeck/Freiberger*, Steiermärkisches Baurecht[5], § 29 E 399.

Für die Erteilung einer Baubewilligung ist die Sach- und Rechtslage im Zeitpunkt seiner Erlassung maßgebend[136]. Das im Zeitpunkt der Bescheiderlassung geltende Recht ist grundsätzlich von der Behörde anzuwenden und gilt ein Bescheid mit der Zustellung als erlassen[137].

Wird das Bauvorhaben bewilligt, so hat die Behörde dem Bauwerber eine mit Genehmigungsvermerk versehene Ausfertigung der Projektunterlagen auszufolgen (§ 29 Abs 9 Stmk BauG). Diese bilden zusammen mit dem Bewilligungsbescheid eine Einheit.[138]

Soweit es erforderlich ist, ist eine Bewilligung mit Auflagen zu erteilen, damit den von der Behörde zu wahrenden öffentlichen Interessen sowie den subjektiv-öffentlichen Rechten der Nachbarn entsprochen wird[139]. Auflagen sind jedoch nur Nebenbestimmungen eines begünstigten Verwaltungsaktes, deren Nichtbefolgung den Rechtsbestand des Verwaltungsaktes nicht berührt[140].

Wenn ein Bauvorhaben nur unter einer bestimmten Projektänderung oder Projektergänzung bewilligungsfähig ist, und eine solche Projektänderung oder -ergänzung nicht vom Bauwerber erfolgt, dann ist das Bauvorhaben als nicht bewilligungsfähig abzuweisen[141].

Erteilte Baubewilligungen erlöschen gemäß § 31 Stmk BauG, wenn mit dem Vorhaben nicht binnen fünf Jahren nach Rechtskraft der Bewilligung begonnen wird. Mit Ablauf der Gültigkeitsdauer wird der Bescheid rechtsunwirksam.

---

[136] VwGH 18.2.1963, 956/72.
[137] VwGH 25.4.1978, VwSlg 9536A.
[138] VwGH 4.4.2003, 2000/06/0165; *Lindermuth* in *Poier/Wieser,* Steiermärkisches Landesrecht, 284.
[139] § 29 Abs 5 Stmk BauG.
[140] VfSlg 1786; *Trippl/Schwarzbeck/Freiberger*, Steiermärkisches Baurecht[5], § 29 A 393.
[141] VwGH 25.1.1996, 94/06/0087; 25.1.1996, 94/06/0088.

Die Frage des Baubeginns ist nicht immer leicht zu beantworten. Jedenfalls müssen begonnene Bauarbeiten, auch Erdarbeiten, die der Verwirklichung des Bauvorhabens dienen, vorliegen[142] und genügt die bloße Erstattung einer Baubeginnsanzeige durch den Bauführer gemäß § 34 Abs 2 Stmk BauG nicht.

1.9. Rechtsmittel

Damit sich ein vom behördenhandeln Betroffener wehren kann, kommt jedem ein staatlich garantierter Rechtsschutz zu. Im Zentrum der Rechtsmittel gegen Bescheide auf Verwaltungsebene steht die Berufung. Jeder Bescheid hat nach § 58 Abs 1 AVG deshalb auch eine Rechtsmittelbelehrung zu enthalten, die gemäß § 61 Abs 1 AVG anzugeben hat, welchem weiteren Rechtszug der Bescheid unterliegt, welche Frist zur Einbringung der Berufung (üblicherweise 2 Wochen gemäß § 63 Abs 5 AVG) zur Verfügung steht, bei welcher Behörde die Berufung einzubringen ist und mit welcher Begründung die Berufung erhoben wird.

Mit dem Bau darf grundsätzlich erst ab Rechtskraft des Baubewilligungsbescheids begonnen werden, wobei § 29 Abs 10 Stmk BauG eine Ausnahme normiert. Sofern nur der Antragsteller (gemeint Bauwerber) gegen den Bescheid berufen hat und die Auflagen des Bescheides eingehalten werden, darf die bauliche Anlage oder Teile derselben schon vor Rechtskraft errichtet werden.

2. Baupolizeiliche Verfahren

Zur Überwachung der Einhaltung von baurechtlichen Vorschriften ist die Baubehörde verpflichtet und können diesbezüglich baupolizeiliche Maßnahmen gesetzt werden[143]. Den Organen der Behörde ist für diese Zwecke Zutritt zu allen Teilen der baulichen Anlagen zu gewähren (§ 39 Abs 5 Stmk BauG).

---

[142] VwGH 11.12.1980, 1040/80; 17.4.2012, 2009/05/0313 ua.
[143] *Lindermuth* in *Poier/Wieser*, Steiermärkisches Landesrecht, 291.

Nachbarn besitzen einen Rechtsanspruch auf Erteilung eines baupolizeilichen Auftrages, wenn durch einen Bau deren Rechte verletzt werden[144]. Es kommt jedoch auf eine tatsächliche Verletzung von Nachbarrechten an. Nur dann besteht ein Rechtsanspruch des Nachbarn, dass ein baupolizeilicher Auftrag erteilt wird.[145]

2.1. Erläuterung

Baupolizeiliche Maßnahmen können verschiedenster Art und Intensität sein, wobei es im Wesentlichen um die Herstellung eines rechtmäßigen Bauzustandes und/oder um die Beseitigung von Baugebrechen geht, und sind mehrere solcher Maßnahmen im Stmk BauG vorgesehen. Zu erwähnen sind dabei Maßnahmen, die die Instandhaltung und Nutzung (§ 39 Stmk BauG), die Baueinstellung und Beseitigung (§ 41 Stmk BauG) oder Sofortmaßnahmen (§ 42 Stmk BauG) betreffen.[146]

Es geht also inhaltlich vorallem um die Überprüfung und Herstellung der Rechtskonformität von Bauten und sind baupolizeiliche Aufträge mit den Mitteln des Verwaltungszwanges (zB Ersatzvornahme gemäß VVG) durchsetzbar.

Ähnlich dem Baubewilligungsverfahren sind dabei die formellen Verfahrensvorschriften nach BauG und AVG zu beachten und wird auf diese Bestimmungen analog dem Abschnitt Bewilligungsverfahren verwiesen.

Der große formelle Unterschied zum Baubewilligungsverfahren besteht darin, dass bei baupolizeilichen Verfahren das Parteienrecht des Nachbarn auf das Antragsrecht gegenüber der Baubehörde eingeschränkt ist. Im baupolizeilichen Verfahren selbst besteht üblicherweise keine Parteistellung.

---

[144] *Trippl/Schwarzbeck/Freiberger*, Steiermärkisches Baurecht[5], § 41 E 539.
[145] VwGH 25.10.2000, 99/06/0069, 19.9.2006, 2005/06/0077 ua.
[146] *Eisenberger/Hödl*, Einführung [3], 99.

Einige dieser baupolizeilichen Maßnahmen werden nun kurz dargestellt.

2.2. Baueinstellung

Bei Vorhaben, die gegen die Bestimmungen des Stmk BauG verstoßen, hat die Behörde die Baueinstellung zu verfügen und werden in § 41 Abs 1 leg cit als Beispiele für rechtswidrige Bauvorhaben insbesondere angeführt die Errichtung bewilligungspflichtiger Vorhaben ohne Bewilligung, die Errichtung anzeigepflichtiger Vorhaben ohne Genehmigung und die Ausführung baubewilligungsfreier Vorhaben entgegen den Bestimmungen des Baugesetzes[147].

Auch ein von einer Bewilligung abweichender Bauzustand kann zu einer Baueinstellung führen. Hierbei ist eine einwandfreie Feststellung über den Inhalt des baubehördlichen Konsenses Voraussetzung, damit dieser mit den ermittelten Abweichungen verglichen werden kann.[148]

Wurden Bauarbeiten schon abgeschlossen, kommt eine Baueinstellung nicht mehr in Betracht[149]. Voraussetzung für die Verhängung einer Baueinstellung ist, dass noch nicht zur Gänze ausgeführte Bauvorhaben, also noch nicht vollendete bauliche Maßnahmen vorliegen[150].

Die Baueinstellung als baupolizeilicher Befehl hat grundsätzlich in der Form eines Bescheides zu ergehen. Der Bescheid kann zufolge § 62 Abs 1 AVG sowohl mündlich an Ort und Stelle verfügt oder schriftlich erlassen werden. Adressat der Baueinstellung ist derjenige, in dessen Auftrag und auf dessen Rechnung der Bau ausgeführt wird.[151]

[147] *Eisenberger/Hödl*, Einführung [3], 100.
[148] VwGH 23.6.1981, 05/2718/78; *Trippl/Schwarzbeck/Freiberger*, Steiermärkisches Baurecht[5], § 41 E 515.
[149] VwGH 3.7.1986, 86/06/0040; 23.1.1990, 88/06/0218.
[150] VwGH 4.4.2003, 2000/06/0165; *Trippl/Schwarzbeck/Freiberger*, Steiermärkisches Baurecht[5], § 41 E 517.
[151] *Trippl/Schwarzbeck/Freiberger*, Steiermärkisches Baurecht[5], § 41 A 510.

Eine verfügte Baueinstellung bedeutet die unverzügliche Beendigung unzulässiger Bauarbeiten, die notfalls mit Zwangsgewalt (zB Entfernung von Baustoffen, Geräten ua, Absperren und Versiegeln) durchgesetzt werden kann[152].

Der Berufung gegen einen Baueinstellungsbescheid kommt gemäß § 41 Abs 5 Stmk BauG ex lege keine aufschiebende Wirkung zu.

Nachbarn steht das Recht auf Erlassung eines baupolizeilichen Auftrages im Sinne einer Baueinstellung zu, wenn die Bauarbeiten, die baulichen Anlagen oder sonstige Maßnahmen ihre Rechte verletzen[153]. Eine bloße Konsenslosigkeit der Bauführung reicht noch nicht aus, um dem Nachbarn eine Parteistellung zu verschaffen. Es muss eine konkrete Verletzung seiner ihm gemäß § 26 Abs 1 Stmk BauG eingeräumten subjektiv-öffentlichen Rechte vorliegen.[154]

2.3. Baubeseitigung

Gemäß § 41 Abs 3 Stmk BauG hat die Baubehörde hinsichtlich vorschriftswidriger baulicher Anlagen einen Beseitigungsauftrag zu erlassen. Dieser Beseitigungsauftrag erfolgt mit Bescheid an den Eigentümer des Bauvorhabens.[155]

Von einer vorschriftswidrigen baulichen Anlage spricht man immer so lange, bis eine rechtskräftige Baubewilligung erfolgt, das Bauvorhaben gemäß § 33 Abs 6 Stmk BauG als genehmigt gilt oder eine bewilligungsfreie bauliche Anlage dem Baugesetz entsprechend errichtet wurde[156].

---

[152] *Eisenberger/Hödl*, Einführung [3], 100.
[153] § 41 Abs 6 Stmk BauG; *Trippl/Schwarzbeck/Freiberger*, Steiermärkisches Baurecht[5], § 41 A 515.
[154] *Trippl/Schwarzbeck/Freiberger*, Steiermärkisches Baurecht[5], § 41 E 538 ff.
[155] VwGH 22.9.1988, 87/06/0089; *Lindermuth* in *Poier/Wieser*, Steiermärkisches Landesrecht, 292.
[156] VwGH 20.11.1997, 97/06/0215; 18.10.2012, 2011/06/0078; *Trippl/Schwarzbeck/Freiberger*, Steiermärkisches Baurecht[5], § 41 E 522.

Ein Beseitigungsauftrag setzt voraus, dass die Bewilligungspflicht sowohl im Zeitpunkt der Errichtung des Bauwerkes als auch im Zeitpunkt der Erteilung des Auftrages zu bejahen ist[157].

Ein wesentliches Abweichen von einer erteilten Baubewilligung, welches keinesfalls mehr zu einem durch seine Größe und Lage bestimmten und bewilligten Bauvorhaben führen kann („aliud"), ist ebenso vorschriftswidrig und erfordert eine neuerliche Baubewilligung[158].

Die Pflicht zur Beseitigung bedeutet nichts anderes als die Verpflichtung zur Wiederherstellung des konsensgemäßen Zustandes. Demnach muss sich zumindest aus der Begründung ergeben, welche vorschriftswidrigen baulichen Maßnahmen vorgenommen wurden, die zu beseitigen sind, oder wie der davor bestehende konsensgemäße oder ursprüngliche Zustand konkret ausgesehen hat.[159]

Dem Ansuchen um Erteilung einer nachträglichen Bewilligung steht der Erlassung eines Beseitigungsauftrages nicht entgegen[160]. Jedoch können Beseitigungsaufträge solange nicht vollstreckt werden, als ein Bewilligungs- oder Anzeigeverfahren anhängig ist[161].

Der Nachbar besitzt im Falle der Verletzung seiner subjektiv-öffentlichen Rechte einen Rechtsanspruch auf Erlassung eines Beseitigungsauftrages[162].

---

[157] VwGH 17.12.1998, 97/06/0117; 12.2.1987, 84/06/0221 ua; *Trippl/Schwarzbeck/Freiberger*, Steiermärkisches Baurecht[5], § 41 E 518; *Eisenberger/Hödl*, Einführung [3], 101.

[158] VwGH 3.7.2001, 2001/05/0072; 24.11.1992, 92/05/0201; *Trippl/Schwarzbeck/Freiberger*, Steiermärkisches Baurecht[5], § 41 E 524.

[159] VwGH 19.12.2006, 2005/06/0184; *Trippl/Schwarzbeck/Freiberger*, Steiermärkisches Baurecht[5], § 41 E 524.

[160] VwGH 14.10.1969, 0766/68

[161] VwGH 27.2.1998, 97/06/0215; *Eisenberger/Hödl*, Einführung [3], 101.

[162] *Trippl/Schwarzbeck/Freiberger*, Steiermärkisches Baurecht[5], § 41 E 538.

Der Berufung gegen einen Beseitigungsauftrag kommt aufschiebende Wirkung zu, da eine aufschiebende Wirkung nur gegen Bescheide gemäß § 41 Abs 1 und 4 Stmk BauG verneint wird[163].

2.4. Nutzungsuntersagung

Bewilligungswidrige Nutzungen sind gemäß § 39 Abs 2 Stmk. BauG zu unterlassen. Es handelt sich hier um Verpflichtungen des Eigentümers und trägt dieser gemäß dieser Bestimmung auch die Verantwortung dafür, dass Verfügungsberechtigte (Mieter, Pächter ua) keine bewilligungswidrige Nutzung vornehmen[164].

Unter bewilligungswidrigen Nutzungen im Sinne des Abs 2 können solche verstanden werden, die auch den Tatbestand einer bewilligungspflichtigen Nutzungsänderung nach § 19 Z 2 Stmk BauG auslösen. Es kommt also darauf an, ob eine bestimmte Nutzung von Räumlichkeiten noch vom Baubewilligungsbescheid miterfasst ist, oder ob sie bereits den Tatbestand einer Nutzungsänderung nach § 19 Z 2 leg cit darstellt.[165]

Dem entsprechend ist in § 41 Abs 4 Stmk BauG auch festgelegt, dass die Behörde die Unterlassung der vorschriftswidrigen Nutzung aufzutragen hat, wenn eine bewilligungspflichtige Änderung des Verwendungszweckes von baulichen Anlagen oder Teilen derselben ohne Bewilligung vorgenommen wurde.

Einer Berufung gegen einen solchen Unterlassungsauftrag kommt ex lege keine aufschiebende Wirkung zu, wie sich aus Abs 5 leg cit ergibt[166]. Im Übrigen steht der Vollstreckung eines Auftrages, die konsenswidrige Nutzung zu unterlassen, dem Ansuchen um Erteilung einer nachträglichen Baubewilligung nicht entgegen[167].

---

[163] § 41 Abs 5 Stmk BauG.

[164] *Eisenberger/Hödl*, Einführung [3], 99.

[165] *Trippl/Schwarzbeck/Freiberger*, Steiermärkisches Baurecht[5], § 39 A 474.

[166] *Trippl/Schwarzbeck/Freiberger*, Steiermärkisches Baurecht[5], § 41 A 514.

[167] VwGH 27.6.1991, 91/06/0035; 27.5.2008, 2007/05/0037; *Trippl/Schwarzbeck/Freiberger*, Steiermärkisches Baurecht[5], § 41 E 542.

§ 41 Abs 6 Stmk BauG gibt Nachbarn das Recht, die Unterlassung der vorschriftswidrigen Nutzung zu verlangen, obwohl dieses Recht nicht in der taxativen Aufzählung des § 26 Abs 1 Z 6 leg cit gesondert angeführt ist[168].

2.5. Instandhaltungsverpflichtung

Eigentümer von baulichen Anlagen haben dafür zu sorgen, dass diese in einem der Baubewilligung entsprechenden Zustand erhalten werden. Die diesbezügliche Gesetzesbestimmung des § 39 Abs 1 Stmk BauG zielt damit auf die Verpflichtung von Eigentümern, den konsensmäßigen Zustand wiederherzustellen, und die sich im Laufe der Zeit möglicherweise ergebenden Baugebrechen beheben zu müssen. Die Instandhaltungspflicht besteht somit nur im Rahmen der schriftlichen oder vermuteten Baubewilligung. Eine Verpflichtung zu Neuerungen oder Anpassungen an neue gesetzliche Bestimmungen oder Regeln der Technik besteht nicht.

Ein Baugebrechen liegt nach stRsp des VwGH erst dann vor, wenn sich der Zustand eines Baues derart verschlechtert hat, dass hierdurch öffentliche Interessen beeinträchtigt werden. Dies ist typischer Weise dann der Fall, wenn durch die eingetretene Verschlechterung des Bauzustandes eine Gefahr für das Leben und die Gesundheit von Menschen bzw für die Sicherheit von Sachen herbeigeführt werden kann oder das Ortsbild beeinträchtigt wird.[169]

Bei einem Bauschaden, bei dem zwar eine Verschlechterung des Bauzustandes eingetreten ist, etwa durch Verwitterung der Fassade, Ablösen kleinerer Verputzteile ua, aber noch keine Gefahr für die bauliche Anlage und seine Benutzer besteht, ist kein Anlass zum Einschreiten für die Baubehörde gegeben.

---

168 *Eisenberger/Hödl*, Einführung [3], 101 f.
169 *Trippl/Schwarzbeck/Freiberger*, Steiermärkisches Baurecht[5], § 39 A 471 f.

Im Verfahren sind die Baugebrechen durch einen bautechnischen Sachverständigen zu beschreiben und die technisch möglichen Behebungsmaßnahmen darzulegen. Daraus lässt sich dann der bescheidmäßige Auftrag von konkreten Maßnahmen zur Behebung mit entsprechender Fristsetzung formulieren. Sind kurzfristige Maßnahmen im öffentlichen Interesse notwendig, dann können vorläufige Sicherungsmaßnahmen wie Pölzungen, Abschlagen von Verputz, Einschrankungen usw angeordnet werden.
Sind aus Sicht des Sachverständigen technische Möglichkeiten zur Behebung der Baugebrechen nicht gegeben, oder erweisen sich diese als wirtschaftlich unzumutbar, so hat im Sinne des § 39 Abs 4 Stmk BauG die Behörde die Räumung und Schließung von baulichen Anlagen oder Teilen derselben anzuordnen und nötigenfalls deren Abbruch aufzutragen.

2.6. Nachträgliche Überprüfung § 29 Abs 6

Neben den zuvor genannten baupolizeilichen Überprüfungen, deren Grundlage entweder konsenslose oder konsenswidrige Bauten sind oder eine der Baubewilligung widersprechende Nutzung, ist seit der Baugesetznovelle vom 10. Juni 2008, LGBl 2008/88, auch eine nachträgliche Überprüfung von baurechtlich genehmigten landwirtschaftlichen Betriebsanlagen in § 29 Abs 6 bis 8 Stmk BauG verankert.

Zur Verbesserung des Immissionsschutzes gegenüber bereits genehmigten und in Betrieb befindlichen landwirtschaftlichen Betriebsanlagen (Tierhaltungsbetriebe) hat der Gesetzgeber im Interesse der Nachbarn die Möglichkeit des Eingriffs in die Rechtskraft solcher Baubewilligungsbescheide verfügt. Dieser Eingriff erfolgt in Form eines baupolizeilichen Auftrages.[170]

Landwirtschaftliche Betriebsanlagen sind im Sinne des § 95 Abs 1 Stmk BauG grundsätzlich so auszuführen, dass das Leben oder die Gesundheit der Nachbarn nicht gefährdet wird, sowie Nachbarn oder öffentliche Einrichtungen (zB Schulen,

[170] *Trippl/Schwarzbeck/Freiberger*, Steiermärkisches Baurecht^5, § 29 A 394.

Krankenanstalten, Kirchen) nicht durch Lärm, Rauch, Staub, Erschütterung, Gestank oder Lästlinge unzumutbar oder das ortsübliche Ausmaß übersteigend belästigt werden. Werden diese Interessen durch eine aufrechte baubehördliche Bewilligung im Rahmen der Landwirtschaft nicht (mehr) ausreichend geschützt, so hat die Baubehörde andere oder zusätzliche Auflagen nach dem Stand der Technik nachträglich vorzuschreiben.

Bezogen auf landwirtschaftliche Tierhaltungsbetriebe ist diese Bestimmung des § 29 Abs 6 erst ab einer Geruchszahl[171] von G = 20 anzuwenden. Kleinere Tierhaltungsbetriebe mit zB 2.800 Hühnern in Bodenhaltung oder 160 Mastschweinen oder 110 Zuchtschweinen oder 140 Mastrindern bei jeweils durchschnittlicher stalltechnischer Ausstattung, bei denen die Geruchszahl G < 20 ist, fallen somit nicht in den Anwendungsbereich dieser Bestimmung, da deren Geruchsbelästigungen erfahrungsgemäß vernachlässigbar sind.

Hinzuweisen ist, dass die einer bestimmten Geruchszahl G zugeordneten Tierbestandgrößen je nach vorgesehener Nutzungsrichtung, Lüftung, Entmistung und Fütterung eine erhebliche Schwankungsbreite aufweisen können. Durch den Einsatz erweiterter technischer Einrichtungen zur Reinigung der Stallluft (Biofilter, Wäscher ua) ist es möglich, bei festgelegter und gleichbleibender G-Zahl den Tierbestand ebenfalls deutlich zu erhöhen.[172]

Die Vorschreibung derartiger Auflagen knüpft an die rechtskräftige Baubewilligung an und erlaubt explizit einen nachträglichen Eingriff in die materielle Rechtskraft zur Abwehr immissionsbedingter Gefährdungen bzw zur Beschränkung diesbezüglicher Belästigungen[173].

---

[171] Geruchszahl gemäß Begriffsbestimmung § 4 Z 32 Stmk BauG. Die Geruchszahl G berechnet sich nach der „Vorläufigen Richtlinie zur Beurteilung von Immissionen aus der Nutztierhaltung in Stallungen" (VRL, Bundeministerium für Umwelt 1995) auf Basis des bewilligten Bestandes.

[172] *Trippl/Schwarzbeck/Freiberger*, Steiermärkisches Baurecht[5], § 27 Stmk ROG EB 1125.

[173] *Ferz*, Tierhaltungsbetriebe in der Steiermark, bbl 2010, 229.

Dem Nachbarn kommt ein Recht auf Einleitung eines derartigen Verfahrens zu, da die Baubehörde – „insbesondere auf Antrag eines Nachbarn“ wie in § 29 Abs 6 angeführt – tätig zu werden hat. Einer „Glaubhaftmachung“ im Sinne des vergleichbaren § 79a Abs 3 GewO bedarf es für diese Antragstellung nicht, und es kommt den Nachbarn auch in amtswegig eingeleiteten Verfahren Parteistellung zu[174].

Wird ein Antrag eines Nachbarn nicht gestellt, ist auch nach der Auffassung des Landesgesetzgebers[175] davon auszugehen, dass allfällige Geruchseinwirkungen sich in Grenzen halten, sodass von der Vorschreibung nachträglicher Auflagen Abstand genommen werden kann[176].

Eine im Einzelfall bestehende konkrete Gefährdung muss auf der Grundlage sachverständiger Feststellungen näher qualifiziert werden. Es kommt nicht darauf an, ob es sich bei den Gefährdungen um neue, nach Rechtskraft der Baubewilligung auftretende Sachverhalte handelt, oder die Baubehörde schon im Zeitpunkt der Erlassung der Baubewilligung Schutzmaßnahmen vorschreiben hätte müssen.[177]
Das besondere Verhältnismäßigkeitsgebot des § 29 Abs 8 Stmk BauG ist dabei zu beachten. Die nachträgliche Vorschreibung von Auflagen ist nur zulässig, wenn der wirtschaftliche (finanzielle) Aufwand im Vergleich zum angestrebten Nutzen nicht unverhältnismäßig hoch ist. Es handelt sich somit um eine Interessenabwägung, bei der beim angestrebten Nutzen „insbesondere die Art, die Menge und das Gefährdungspotenzial der von der Anlage ausgehenden Emissionen, die von ihr verursachten Immissionen, die Nutzungsdauer und die technische Ausrüstung der Anlage zu berücksichtigen“ sind.[178]

---

[174] *Ferz*, Tierhaltungsbetriebe, bbl 2010, 228; mit Verweis auf *Giese* zu VwGH 16.9.2009, 2006/05/0204, bbl 2010, 2.
[175] AB 1672/4 Sten Prot stmk LT 15. GP, 3.
[176] *Trippl/Schwarzbeck/Freiberger*, Steiermärkisches Baurecht[5], § 29 EB 386.
[177] *Giese*, Die nachträgliche Vorschreibung von Auflagen im Baurecht, bbl 2009, 54.
[178] *Giese*, Die nachträgliche Vorschreibung von Auflagen im Baurecht, bbl 2009, 55.

Für die Erfüllung der zusätzlichen Auflagen kann die Baubehörde eine Frist von höchstens fünf Jahren einräumen, wenn diese Pflichten dem Betriebsinhaber erst nach einem oder mehreren Jahren wirtschaftlich zumutbar sind, und der Schutzzweck eine solche Fristsetzung erlaubt[179].

[179] § 29 Abs 7 Stmk BauG; *Giese*, Die nachträgliche Vorschreibung von Auflagen im Baurecht, bbl 2009, 52.

III Die Stellung der Bauwerber

1. Allgemeines

Bauwerber sind nach der Definition des § 4 Z 15 Stmk BauG, wie bereits in der Begriffsbestimmung näher ausgeführt wurde, Personen, die eine Baubewilligung beantragen oder ein anzeigepflichtiges Vorhaben anzeigen.

Nach Erhalt einer Baubewilligung oder Baufreistellung müsste man nach der ebenfalls vorhandenen Definition im Stmk BauG bereits vom Bauherrn[180] sprechen.

Im Titel dieser Arbeit sind zwar explizit nur die Bauwerber angeführt, doch sollen damit auch die Rechtspositionen von Bauherrn mitbehandelt werden. Es wechselt zwar die rechtliche Bezeichnung vom Bauwerber zum Bauherrn, in der Regel handelt es sich aber weiterhin um dieselbe Person, die nun in baupolizeilichen Verfahren mit Nachbarinteressen und der Baubehörde konfrontiert werden kann.

Anhand der im vorhergehenden Kapitel dargestellten Baubewilligungs- und baupolizeilichen Verfahren soll nun aus dem Blickwinkel der Bauwerber und Bauherrn deren Mitwirkungsmöglichkeiten und Einflussnahmen auf die Baubehörden dargelegt werden. Dabei werden nicht nur die Regelungen des Stmk BauG berücksichtigt, sondern fallweise auch die dazu ergangene Rechtsprechung von VwGH und VfGH.

[180] § 4 Z 11 Stmk BauG.

2. Rechte von Bauwerbern

Ein Baubewilligungsverfahren kann nur durch einen schriftlichen Antrag bei der Baubehörde eingeleitet werden[181]. Es ist ein antragsbedürftiger Verwaltungsakt und entscheidet der Bauwerber darüber, ob ein solches Verfahren zu führen ist oder nicht.

Ohne Vorliegen eines Bauansuchens dürfen von der Behörde Verwaltungsakte zur Erlangung einer Baubewilligung nicht von Amts wegen gesetzt werden. Geschieht dies dennoch, so ist der Verwaltungsakt rechtswidrig[182] und haben Berufungsbehörde, Landesverwaltungsgericht und VwGH diesen Aufhebungsgrund wahrzunehmen.[183] Das Bauverfahren endet vorzeitig, wenn der Bauwerber seinen Antrag zurückzieht, wobei dies in jeder Phase des Verfahrens möglich ist.

Der Bauwerber legt den Gegenstand des Baubewilligungsverfahrens fest, denn verhandelt und beurteilt wird ausschließlich das vom Bauwerber eingereichte Projekt[184]. Der verfahrenseinleitende Antrag kann dabei gemäß § 13 Abs 8 AVG in jeder Lage des Verfahrens vom Bauwerber geändert werden. Unzulässig wäre es, wenn es zu einer Änderung des Wesens der Sache kommen würde. Dann ist ein neuer Bauantrag erforderlich.

Das Bauverfahren ist ein Projektgenehmigungsverfahren, sodass Gegenstand des Verfahrens das in den Einreichplänen und sonstigen Unterlagen dargestellte Projekt (Bauvorhaben) ist. Es kommt dabei nicht auf einen von diesem Projekt abweichenden tatsächlichen Baubestand an.[185]

---

[181] § 22 Abs 1 Stmk BauG
[182] VwGH 9.11.1977, 2382/77; VwSlg 9425 A/1977; 28.2.2008, 2007/06/0230; ua.
[183] VwGH 9.10.1972, 1669/71; 3.9.1999, 98/05/0071.
[184] *Lindermuth* in *Poier/Wieser*, Steiermärkisches Landesrecht, 279 f; vgl VwSlg 15.821 A/2002.
[185] VwGH 31.3.1978, 0697/77; 4.4.2002, 2000/06/0090.

Eine Baubewilligung bedeutet die Verleihung des subjektiven öffentlichen Rechts, einen Bau nach Maßgabe der bewilligten Pläne zu errichten und enthält lediglich die Feststellung, dass das geplante Vorhaben vom öffentlich-rechtlichen Standpunkt des Raumordnungsrechts und des Baurechts her zulässig ist. Die Baubewilligung sagt nichts darüber aus, ob der bewilligte Bau nicht etwa mit Mitteln des Privatrechtes oder nach anderen Gesetzen verhindert werden kann.[186]

Sofern keine Versagungsgründe vorliegen, hat der Bauwerber einen Rechtsanspruch auf Erteilung der Baubewilligung[187], auch wenn dies nur durch Vorschreibung von Auflagen möglich wird. Jede rechtswidrige Verweigerung einer Baubewilligung verletzt ihn nicht nur in seinem einfachgesetzlichen Recht, sondern auch in seinem Grundrecht auf Eigentumsfreiheit.[188]

Dies ist letzten Endes eine Folge der aus der Eigentumsordnung des bürgerlichen Rechts erfließenden Baufreiheit[189], die es dem Eigentümer gestattet, jeden mit dem Gesetz übereinstimmenden Bauwillen zu realisieren.
Baufreiheit gilt überall dort, wo keine gesetzlichen oder behördlichen Normen entgegenstehen. Gesetzliche Beschränkungen sind im Zweifel zu Gunsten der Baufreiheit auszulegen.[190]

Nach § 73 Abs 1 AVG sind Behörden verpflichtet, wenn in den Verwaltungsvorschriften nichts anderes bestimmt ist, über Anträge von Parteien ohne unnötigen Aufschub, spätestens aber sechs Monate nach ihrem Einlangen den Bescheid zu erlassen. Dabei handelt es sich um eine Höchstfrist und geht die Zuständigkeit zur Entscheidung dann an die sachlich in Betracht kommende Oberbehörde über, also im Falle des Baurechtes in der Steiermark vom Bürgermeister auf den Gemeinderat. Dies

---

[186] Vgl VfGH 6.3.1997, VfSlg 14783/1997; VwGH 31.1.1972, 841/71; VwSlg 8161 A/1972.
[187] § 29 Abs 1 Stmk BauG.
[188] *Lindermuth* in *Poier/Wieser*, Steiermärkisches Landesrecht, 283.
[189] § 362 ABGB.
[190] VwGH 21.10.1968, 1246/67; 12.4.1988, 88/05/0078, 17.1.1989, 88/05/0134 ua.

allerdings nur dann, wenn von der Partei der entsprechende schriftliche Antrag (Devolutionsantrag) eingebracht wird und die Verzögerung auf ein überwiegendes Verschulden der Behörde zurückzuführen ist.[191]

Entscheidungen der Baubehörde sollen auch stets nach dem Grundsatz der Baufreiheit erfolgen. Der Grundsatz der Baufreiheit bedeutet, dass im Rahmen der gesetzlichen Bestimmungen ein Rechtsanspruch auf Bebauung besteht, und dass im Zweifel Begriffsbestimmungen und Rechtsnormen einengend auszulegen sind. Damit ist jede Bauführung, die nicht verboten ist, zulässig.[192]

Gesetzliche Beschränkungen im Baurecht sind daher im Zweifel zu Gunsten der Baufreiheit auszulegen; beim Fehlen einer (gesetzlichen) Beschränkung ist von der Freiheitssphäre des Eigentümers auszugehen[193].

Widerspricht ein Bauvorhaben den gesetzlichen Bestimmungen, so hat die Baubehörde den Bauwerber zur Änderung seines Projektes aufzufordern, wenn der Widerspruch durch eine Modifikation des Vorhabens aus der Welt geschafft werden kann. Nur dann, wenn sich der Bauwerber weigert, eine solche Änderung vorzunehmen, ist das Vorhaben als Ganzes abzulehnen.[194]
Die Baubehörde hat die Baubewilligung auch dann zu erteilen, wenn das Vorhaben mit den wahren Absichten des Bauwerbers nicht in Einklang steht oder wenn Grund zur Annahme besteht, dass die vorgeschriebenen Auflagen nicht eingehalten werden[195].

Von einer Baubewilligung, die ihrer rechtlichen Natur nach eine Polizeierlaubnis des Inhaltes ist, dass das Bauvorhaben vom Standpunkt der von der Baubehörde

---

[191] *Trippl/Schwarzbeck/Freiberger*, Steiermärkisches Baurecht[5], § 29 A 387.
[192] VwGH 24.11.1988, 88/06/0148, BauSlg 1223; 26.5.2000, 99/06/0009, BauSlg 116.
[193] VwGH 20.6.1995, 94/05/0172.
[194] VwGH 18.6.1985, 83/05/0099, BauSlg 470; 19.10.1955, 3349/54; 8.5.1967, 1318/66 ua.
[195] VwGH 5.5.1951, VwSlg 2129 A; 23.10.1972, 0309/72; *Trippl/Schwarzbeck/Freiberger*, Steiermärkisches Baurecht[5], § 29 E 406.

wahrzunehmenden öffentlichen Interessen zulässig ist, kann der Bauwerber Gebrauch machen. Er muss es aber nicht.[196]

Eine Bindung des Bauwerbers an die einmal erwirkte Baubewilligung in dem Sinne, dass er verpflichtet wäre, nur so und nicht anders zu bauen, besteht nicht, sondern es steht ihm jederzeit frei, nicht das ursprünglich bewilligte, sondern ein anderes Bauvorhaben auszuführen, sofern er wiederum rechtzeitig eine weitere, den geänderten Bauwillen deckende Baubewilligung erwirkt[197].

Es steht also dem Bauwerber offen, auch während der Gültigkeitsdauer einer Baubewilligung für ein und denselben Bauplatz um mehrere Baubewilligungen unterschiedlichen Inhalts anzusuchen. Er kann dann auf eine frühere, noch gültige Baubewilligung zurückgreifen, solange mit einer anderen Bauführung noch nicht begonnen wurde.[198]

Mit dem Bewilligungsbescheid ist dem Bauwerber eine mit dem Genehmigungsvermerk versehene Ausfertigung der Projektunterlagen auszufolgen[199]. Damit kommt den Bauplänen auch eine gewisse Bedeutung zu. Liegt aber ein Widerspruch zwischen dem Bauplan und dem Spruch des Bescheides vor, wird im Allgemeinen der Spruch des Bescheides entscheidend sein.[200]

3. Pflichten von Bauwerbern

Verschiedentlich sind Baubehörden mit dem Satz von Grundeigentümern konfrontiert „Auf meinem Grund und Boden kann ich tun und lassen, was ich will“. Doch das gilt

---

[196] VwGH 9.6.1969, VwSlg 7586 A.
[197] VwGH 4.5.1972, 1697/71, VwSlg 8227 A; 26.3.1996, 95/05/0165, BauSlg 67.
[198] VwGH 22.3.1979, VwSlg 9804 A; *Trippl/Schwarzbeck/Freiberger*, Steiermärkisches Baurecht^5, § 29 E 403.
[199] § 29 Abs 9 Stmk BauG.
[200] *Trippl/Schwarzbeck/Freiberger*, Steiermärkisches Baurecht^5, § 29 A 395.

in fast keinem Land der Welt. In Österreich sind der Eigentumsausübung auf dem eigenen Grund Grenzen gesetzt. Das Eigentumsrecht ist so schonend auszuüben, dass die Nachbarn nicht beeinträchtigt werden und setzt das Baurecht hier auch Grenzen.[201]

Dem Grundrecht auf Unverletzlichkeit des Eigentums wie es in Art 5 StGG iVm Art 1 1. ZPEMRK verankert ist und das Recht verleiht, seine Liegenschaft nach Belieben zu nutzen – Prinzip der Baufreiheit[202] - ist auch eine Beschränkung der umfassenden Verfügungsbefugnis des Eigentümers immanent. Über das Eigentum darf nur in der gesetzlich vorgesehenen Weise verfügt werden und stellen baurechtliche Bestimmungen eine Fülle von Eigentumsbeschränkungen auf.[203]

Bauwerber sind verpflichtet, vor Beginn von bewilligungspflichtigen oder anzeigepflichtigen Bautätigkeiten schriftlich bei der Baubehörde um Bewilligung solcher Bauten anzusuchen[204] oder diese Bauten schriftlich anzuzeigen[205]. Ohne Vorliegen eines solchen Antrages ist wie bereits ausgeführt der Verwaltungsakt und die sich ergebende Baubewilligung oder Baufreistellung mit Rechtswidrigkeit behaftet. Bauwerber machen sich zudem einer Verwaltungsübertretung schuldig, wenn vor Rechtskraft einer Bewilligung mit einer Bautätigkeit begonnen wurden.

Dem Ansuchen oder der Bauanzeige sind vom Bauwerber eine Reihe von Unterlagen anzuschließen[206], wobei vor allem die Pläne und die Baubeschreibung hervor zu heben sind, denn diese müssen zumindest vom Bauwerber, von den Grundeigentümern und von den Verfassern der Unterlagen gemäß § 23 Abs 4 Stmk BauG unterfertigt werden. Welche baulichen Herstellungen der Bauwerber durchzuführen beabsichtigt, ist den Bauplänen und der Baubeschreibung zu entnehmen.

---

[201] § 364 ABGB; *Illedits-Lohr/Illedits*, Nachbarrecht kompakt. Rechte und Pflichten im Umgang mit Nachbarn² (2008), 22.
[202] Vgl VfSlg 4543/1963; VwSlg 9220 A/1977, 14.220 A/1995.
[203] *Lindermuth* in *Poier/Wieser*, Steiermärkisches Landesrecht, 265 f.
[204] § 22 Abs 1 Stmk BauG.
[205] § 33 Abs 1 Stmk BauG.
[206] § 22 Abs 2 bzw § 33 Abs 2 Stmk BauG.

Bauwerber haben für die Erstellung von Einreichunterlagen die gesetzlich dazu Berechtigten heranzuziehen. Im Sinne des § 23 Abs 4 letzter Satz Stmk BauG ergeben sich Berechtigte insbesondere aus der Gewerbeordnung (zB Baumeister, Zimmermeister) und aus dem Ziviltechnikergesetz (zB Architekten)[207].

Werden von der Baubehörde das Fehlen von Unterlagen oder sonstige verbesserungsfähige Mängel des Ansuchens festgestellt, so wird die Behörde dem Bauwerber die Behebung dieses Missstandes unverzüglich unter Setzung einer angemessenen Frist gemäß § 13 Abs 3 AVG vorschreiben (Verbesserungsauftrag). Wird dem Verbesserungsauftrag entsprochen, gilt das Ansuchen als ursprünglich richtig eingebracht, ansonsten wird die Baubehörde das Ansuchen mit Bescheid zurückweisen.[208]

Bauwerber sind die entscheidende Partei des Bauverfahrens und sollten tunlichst auch der Ladung zu der von der Behörde kundgemachten Bauverhandlung Folge leisten, sowie dabei über das Bauvorhaben informieren und Auskunft geben können.

Versäumt derjenige, über dessen Antrag das Verfahren eingeleitet wurde, die Verhandlung, so kann sie entweder in seiner Abwesenheit durchgeführt oder auf seine Kosten auf einen anderen Termin verlegt werden[209].

---

[207] *Trippl/Schwarzbeck/Freiberger*, Steiermärkisches Baurecht[5], § 23 A 278.
[208] *Trippl/Schwarzbeck/Freiberger*, Steiermärkisches Baurecht[5], § 22 A 261.
[209] § 42 Abs 4 AVG.

IV Die Stellung der Nachbarn

1. Allgemeines

„Dem Nachbarn kommt im Baubewilligungsverfahren ex lege Parteistellung zu.“[210]. Als Partei kommen dem Nachbarn die im Stmk BauG und im AVG vorgesehenen Verfahrensrechte zu. Diese reichen jedoch nicht weiter als die ihm zustehenden materiellen Rechte. Ist kein materielles Recht verletzt, bringt die Rüge von Verfahrensmängeln daher keinen Erfolg.[211]

Grundsätzlich gilt, dass jeder Nachbar nur die Verletzung seiner Nachbarrechte geltend machen kann und nicht auch die Verletzung von Nachbarrechten anderer Grundstückseigentümer. Dies ergibt sich aus der Natur des öffentlichen Nachbarrechtes, das nur die Abwehr von Eingriffen in die eigene Rechtssphäre bezweckt.[212]

Parteienrechte in einem Verwaltungsverfahren bestimmt der einfache Gesetzgeber. Dieser legt fest, ob überhaupt und in welchem Umfang den Parteien Rechte zustehen. Die Nichteinräumung von Nachbarrechten im Baubewilligungsverfahren ist aber verfassungskonform nicht unbegrenzt möglich (VfSlg 15.581/1999), auch wenn keine Verfassungsnorm Parteienrechte garantiert.[213]

2. Rechte von Nachbarn

Nachfolgend werden die Rechte von Nachbarn in jene drei große Kategorien unterteilt und erläutert, die in der Rechtsliteratur üblich sind – subjektiv öffentliche, objektiv

---

[210] *Lindermuth* in *Poier/Wieser*, Steiermärkisches Landesrecht, 284.

[211] Vgl VwGH 26.4.2002, 2000/06/0046.

[212] *Pallitsch*, Die Rechtsstellung des Nachbarn in Bauverfahren, RFG (2017) Band 2, 30.

[213] *Pallitsch*, Die Rechtsstellung des Nachbarn in Bauverfahren, 30.

öffentliche, private Recht. Auch wenn sie allesamt der Wahrnehmung der Nachbarinteressen dienen, und die Grundlagen dafür in verschiedensten Gesetzen gefunden werden können, kommt im Baurecht nur den subjektiv-öffentlichen Rechten Bedeutung als zu berücksichtigende Nachbarrechte zu.

2.1. Subjektiv öffentliche Rechte

Unter den subjektiv öffentlichen Einwendungen sind die eigentlichen Nachbarschaftseinwendungen zu verstehen.
Der Nachbar behauptet die Verletzung solcher Bestimmungen des Baugesetzes, die nicht nur dem öffentlichen Interesse, sondern auch dem Interesse des Nachbarn dienen.

Subjektiv öffentliche Rechte von Nachbarn finden sich im Baubewilligungsverfahren und bei den baupolizeilichen Maßnahmen iSd Ausführungen des oa Teils II Baubehördliche Verfahren.
Die Rechte bei baupolizeilichen Maßnahmen werden, nachdem sie sich nur auf die Antragslegitimation von Nachbarn zur Einleitung solcher Verfahren beziehen, in einem eigenen Unterpunkt (siehe 2.4. Antragsreche) behandelt.

Im Baubewilligungsverfahren ist ein subjektiv öffentliches Recht des Nachbarn gegeben, jedoch ist dessen Mitspracherecht in inhaltlicher und zeitlicher Hinsicht beschränkt. Es besteht nur insoweit, als seine subjektiv öffentlichen Rechte nach dem Stmk BauG betroffen sind und diese rechtzeitig geltend gemacht werden.[214]

§ 26 Abs 1 Stmk BauG enthält eine taxative Aufzählung jener Vorschriften, die nicht nur dem öffentlichen Interesse, sondern auch dem Interesse der Nachbarn dienen.

---

[214] *Lindermuth* in *Poier/Wieser*, Steiermärkisches Landesrecht, 285.

Das sind Bestimmungen über

1. die Übereinstimmung des Vorhabens mit dem Flächenwidmungsplan und einem Bebauungs
   soweit damit ein Immissionsschutz verbunden ist,
2. die Abstände (§ 13),
3. den Schallschutz (§ 77 Abs 1),
4. die brandschutztechnische Ausführung der Außenwände von Bauwerken an der Nachbargre
   (§ 52 Abs 2),
5. die Vermeidung einer sonstigen Gefährdung oder unzumutbaren Belästigung bzw. unzumutbaren Beeinträchtigung (§ 57 Abs 2, § 58, § 60 Abs 1, § 66 zweiter Satz und § 88)
6. die Baueinstellung und die Beseitigung (§ 41 Abs 6).

Der Nachbar hat auf die Einhaltung dieser Bestimmungen einen (verfolgbaren) Rechtsanspruch, was bedeutet, dass sich die Baubehörde mit diesen Einwendungen jedenfalls inhaltlich auseinanderzusetzen hat.[215]

Voraussetzung dazu ist, wie bereits erwähnt, dass die Einwendungen im Verfahren rechtzeitig erhoben werden. Von einer Rechtzeitigkeit spricht man dann, wenn Einwendungen entweder am Tag vor der Verhandlung oder spätestens bei der Verhandlung vorgebracht werden.

Sind die subjektiv öffentlichen Einwendungen der Nachbarn begründet und rechtzeitig erhoben, hat die Behörde Auflagen, gegebenenfalls auch projektändernde Auflagen, vorzuschreiben oder, falls dies nicht möglich ist, das Bauansuchen abzuweisen. Auf solche Einwendungen hat die Behörde in der Begründung des Bescheides einzugehen (vgl VwGH 19.6.2002, 2001/05/0296).[216]

---

[215] *Trippl/Schwarzbeck/Freiberger*, Steiermärkisches Baurecht[5], § 26 A 299.
[216] *Lindermuth* in *Poier/Wieser*, Steiermärkisches Landesrecht, 288.

Einwendungen der Nachbarn, die sich nicht auf Rechte in § 26 Abs 1 Stmk BauG beziehen, können nicht erfolgreich geltend gemacht werden[217] und sind als unbegründet abzuweisen.

2.2. Objektiv öffentliche Rechte

Unter den objektiv öffentlichen Einwendungen sind einerseits solche zu verstehen, bei denen der Nachbar die Verletzung einer ausschließlich dem öffentlichen Interesse dienenden Rechtsnorm behauptet, die die Baubehörde anzuwenden bzw zu beachten hat - sogenannte Einwendungen des selben Rechtsbereiches - und andererseits solche Einwendungen eines fremden Rechtsbereiches, die die Baubehörde nicht anzuwenden hat, etwa eines dem Nachbarn nach forstrechtlichen, gewerberechtlichen, wasserrechtlichen usw Vorschriften zustehenden Rechtes.[218]

Bei beiden Varianten besteht nur das öffentliche Interesse an der Einhaltung der Rechtsnormen. Der Nachbar hat keinen Rechtsanspruch auf deren Einhaltung. Beispielsweise sind hier zu nennen: Verletzung von Vorschriften zur Gebäudehöhe, Straßen-, Orts- und Landschaftsbild, Verkehrsverhältnisse auf öffentlichen Verkehrsflächen, Bauplatzeignung, Sicherstellung der Wasserversorgung und Abwasserbeseitigung, Fragen der Statik, Belichtung und Belüftung oder Vorschriften über die Schaffung von KFZ-Abstellflächen, Kinderspielplätze ua.

Für das Bauverfahren heißt das, dass Vorbringen, bei denen die Verletzung von bau- und raumordnungsrechtlichen Vorschriften behauptet wird, die nicht in § 26 Abs 1 Stmk BauG aufgezählt sind, von der Baubehörde als unzulässig zurückzuweisen sind, selbst wenn die Einwendungen zutreffen.[219]

---

[217] VwGH 14.9.1989, 89/06/0148.
[218] *Trippl/Schwarzbeck/Freiberger*, Steiermärkisches Baurecht[5], § 26 A 300.
[219] *Lindermuth* in *Poier/Wieser*, Steiermärkisches Landesrecht, 286.

Mit solchen Einwendungen hat sich die Behörde inhaltlich nicht auseinanderzusetzen, jedoch jedenfalls im Begründungsteil darzustellen, aus welchen Gründen die Baubehörde der Meinung ist, es handle sich um objektiv öffentliche Einwendungen.

Einschränkend ist zu dieser formell nicht gegebenen Überprüfungspflicht anzumerken, dass im Sinne der materiellen Wahrheitsfindung, wie sie im AVG verankert ist, die Baubehörde ein Bauvorhaben auf seine Übereinstimmung mit den wahrzunehmenden Rechtsvorschriften zu beurteilen hat. Sie muss sich also unabhängig, ob nun eine solche Einwendung erhoben wird, damit auseinandersetzen, da dies zu ihren allgemeinen Prüfpflichten gehört.

2.3. Privatrechte

Von Privatrechten spricht man, wenn es sich um subjektive Rechte handelt, die im Privatrecht (Zivilrecht) begründet sind. Beispielsweise wenn von Nachbarn Servitutsrechte (zB Wegerecht) geltend gemacht werden oder durch eine Baugenehmigung eine Wertminderung des Nachbargrundstückes befürchtet wird.

Wird die Verletzung von Privatrechten von Nachbarn vorgebracht, dann hat die Behörde einen Vergleichsversuch zwischen den Nachbarn und den Bauwerbern zu unternehmen. Kommt eine Einigung zustande, so ist diese zu dokumentieren und von beiden Parteien zu unterfertigen.[220] Dies geschieht üblicherweise gleich in der Verhandlungsschrift der Bauverhandlung. Die Anführung solcher privatrechtlicher Einwendungen wird gefordert, weil nach Art XXXVII EGZPO (Einführungsgesetz zur Zivilprozessordnung) die sonst bestehende Klagemöglichkeit nach den Bestimmungen des ABGB, nämlich §§ 340 – 342, nicht mehr besteht.

Erfolgt keine Einigung, hat die Behörde Nachbarn auf den Zivilrechtsweg zu verweisen und das Bauverfahren ohne Berücksichtigung dieser Einwendungen fortzuführen.

[220] *Lindermuth* in *Poier/Wieser*, Steiermärkisches Landesrecht, 285.

Der Erteilung der Baubewilligung stehen privatrechtliche Einwendungen nicht entgegen. Die Baubewilligung besagt ja ausschließlich, dass das Bauvorhaben nach den von der Baubehörde wahrzunehmenden Vorschriften zulässig ist, nicht aber wird darüber abgesprochen, ob das Vorhaben nicht etwa aus in der Privatrechtsordnung gelegenen Gründen verhindert werden kann.[221]

2.4. Antragsrechte

Hierbei handelt es sich nicht um eine eigene Rechtekategorie. Vielmehr sind dies subjektiv öffentliche Rechte iSd oa Ausführungen. Sie heben sich jedoch durch die Besonderheit hervor, dass damit spezielle Rechte eines Nachbarn verbunden sind, Anträge und Einwendungen an die Baubehörde zu richten und diese zum Tätigwerden verpflichten.

Solche speziellen Anträge können sich auf die Einleitung der genannten baupolizeilichen Verfahren beziehen, das eigene Antragsrecht nach § 29 Abs 6 Stmk BauG betreffen oder sich aus den Einwendungsrechten eines verhinderten oder übergangenen Nachbarn ableiten.

Die Antragsrechte der Nachbarn zu den baupolizeilichen Überprüfungshandlungen der Baubehörde sind im Kapitel baupolizeiliche Verfahren ausreichend dargelegt und beschrieben worden und werden hier nicht mehr wiederholt.

Auch die Ausweitung der Nachbarrechte durch die Baugesetznovelle 2008 hinsichtlich des Antragsrechtes gemäß § 29 Abs 6 Stmk BauG zur Verbesserung des Immissionsschutzes gegenüber bereits genehmigten und in Betrieb befindlichen landwirtschaftlichen Betriebsanlagen ist im Kapitel der nachträglichen Überprüfung geschildert worden. Dass es sich um ein besonderes Nachbarrecht handelt, geht aus dem Gesetzestext hervor, da die Behörde solche Auflagen [...] insbesondere auf

[221] *Trippl/Schwarzbeck/Freiberger*, Steiermärkisches Baurecht[5], § 26 A 301.

Antrag eines Nachbarn […] vorzuschreiben hat. Wird ein Antrag eines Nachbarn nicht gestellt, wird wohl davon auszugehen sein, dass allfällige Geruchseinwirkungen sich in Grenzen halten, sodass von der Vorschreibung nachträglicher Auflagen Abstand genommen werden kann.[222]

Darzulegen sind hier nun noch die Antrags- und Einwendungsrechte der verhinderten und übergangenen Nachbarn.

Verhindert ist ein Nachbar dann, wenn er durch ein unvorhergesehenes oder unabwendbares Ereignis nicht rechtzeitig Einwendungen im Sinne des § 26 Abs 1 Stmk BauG erheben kann und dem kein Verschulden oder nur ein minderer Grad des Versehens trifft. Verhinderte Personen wurden ordnungsgemäß durch persönliche Verständigung geladen oder sind bei denen zumindest die erforderlichen Kundmachungsvorschriften iSd § 27 Abs 1 Stmk BauG eingehalten worden. Bei Vorliegen der genannten und nachgewiesenen Voraussetzungen steht diesen Nachbarn trotz eingetretenem Verlust ihrer Parteistellung das Recht zu, Einwendungen auch nach Abschluss der Bauverhandlung vorzubringen und zwar bis zum Ablauf von acht Wochen ab tatsächlichem Baubeginn oder bis zum Ablauf eines Jahres ab durchgeführter Nutzungsänderung[223]. Nachbarn, die durch die „Wiedereinsetzung" ihre Parteistellung wiedererlangt haben, ist in vollem Umfang Parteiengehör zu gewähren.[224]

Von übergangenen Nachbarn ist dann zu sprechen, wenn Personen trotz Parteistellung nicht dem Verfahren beigezogen wurden und somit nicht in der Lage waren, spätestens während der Verhandlung Einwendungen zu erheben. Diese Personen wurden versehentlich nicht persönlich verständigt und darüber hinaus sind auch die Kundmachungserfordernisse des § 27 Abs 1 Stmk BauG nicht erfüllt worden, wodurch sie die mündliche Verhandlung versäumten und keinen abschließenden

---

[222] *Trippl/Schwarzbeck/Freiberger*, Steiermärkisches Baurecht[5], § 29 EB 386.

[223] ISd § 27 Abs 3 Z 1 und 2 Stmk BauG.

[224] *Trippl/Schwarzbeck/Freiberger*, Steiermärkisches Baurecht[5], § 25 A 292; iVm § 27 A 358 ff.

Genehmigungsbescheid erhielten. Solcherart übergangene Nachbarn, die somit ihre Parteistellung weiterhin haben, können gemäß § 27 Abs 4 leg cit innerhalb der dort geregelten Fristen nachträgliche Einwendungen gegen die baulichen Maßnahmen vorbringen oder die Zustellung des Genehmigungsbescheides beantragen. In dem darauf durchzuführenden Verfahren ist zu prüfen, ob der übergangene Nachbar in seinem subjektiv öffentlichen Recht durch den Bescheid verletzt worden ist. Besteht eine solche Rechtsverletzung, dann kann dies nach einem ergänzenden Ermittlungsverfahren zu einer nachträglichen Aufhebung des Genehmigungsbescheides führen.[225]

3. Pflichten von Nachbarn

Um sich auf seine Rechte als Nachbar beziehen zu können, ist es notwendig, dass die diesbezüglichen verfahrensrechtlichen Vorschriften in Bezug auf Einwendungen von Nachbarn eingehalten werden.

Ein Mitspracherecht im Baubewilligungsverfahren ist nur möglich, wenn ein Nachbar rechtzeitig, spätestens bei der mündlichen Verhandlung Einwendungen gegen das Vorhaben des Bauwerbers erhebt. Der Nachbar kann sich auch nicht vorbehalten, später Einwendungen zu erheben, noch zählen Erklärungen, die vor Ausschreibung der Bauverhandlung abgegeben werden, als Einwendung iSd § 42 AVG.[226]

Des Weiteren liegen dem Gesetz entsprechende Einwendungen nur dann vor, wenn wenigstens erkennbar ist, welche Rechtsverletzungen der Nachbar behauptet (zB Abstände seien einzuhalten usw). Sie müssen jedoch nicht begründet sein und sich nicht auf eine Rechtsnorm stützen.[227]

---

[225] *Trippl/Schwarzbeck/Freiberger*, Steiermärkisches Baurecht[5], § 25 A 292 f; iVm § 27 A 363 f.

[226] VwGH 31.10.1979, 609/79; 28.2.1977, 1948/76; *Trippl/Schwarzbeck/Freiberger*, Steiermärkisches Baurecht[5], § 26 E 312.

[227] VwGH 23.3.1999, 98/05/0217; *Trippl/Schwarzbeck/Freiberger*, Steiermärkisches Baurecht[5], § 26 A 302, E 314.

Jeder Nachbar hat für sich die Verletzung seiner subjektiven öffentlichen Rechte wahrzunehmen und kann nicht ein Nachbar die Verletzung eines anderen Nachbarn geltend machen[228].

Erweisen sich Gutachten als schlüssig und widerspruchsfrei, so können sie durch Nachbarn nur durch Vorbringen auf gleichem Niveau oder durch Gegengutachten widerlegt werden. Im Falle der Vorlage eines derartigen Privatgutachtens durch einen Nachbarn ist es Aufgabe der Behörde, den von ihr beigezogenen Sachverständigen aufzufordern, sich mit den Aussagen des Privatsachverständigen im Detail auseinander zu setzen.[229]

Es besteht für Nachbarn weiters eine gewisse Sorgfaltspflicht bei Vorbringen im Zusammenhang mit baupolizeilichen Überprüfungen. Bevor Nachbarn bei der Baubehörde Anzeige wegen angeblicher Rechtswidrigkeiten erstatten, muss eine entsprechende Sorgfalt bei den von ihnen aufgestellten Sachbehauptungen vorhanden sein. Erweist sich eine vorgenommene baupolizeiliche Überprüfung in Nachhinein als nicht notwendig, da sich der Verdacht der Rechtswidrigkeiten nicht bestätigte, kann dies zu einer Kostentragungspflicht wegen Verschulden der Mitbeteiligten gemäß § 76 Abs 2 AVG führen.[230]

---

[228] VwGH 4.7.1958, 0642/57; 3.3.1969, 0587/68; 19.9.1978, 2176/77 ua.
[229] VwGH 6.9.2011, 2009/05/0291; *Trippl/Schwarzbeck/Freiberger*, Steiermärkisches Baurecht[5], § 28 E 378.
[230] VwGH 27.6.2006, 2004/05/0099; *Trippl/Schwarzbeck/Freiberger*, Steiermärkisches Baurecht[5], § 28 E 380 f.

V Interessenausgleich:
Problematiken und Lösungsansätze der Baubehörde

In einem Bauverfahren kann es zu divergierenden Interessen von Bauwerbern und Nachbarn kommen. Bauwerber besitzen nach der österreichischen Rechtsordnung einen Rechtsanspruch auf Erteilung der von ihnen angestrebten Baubewilligung. Allerdings nur dann, wenn die notwendigen gesetzlichen Bestimmungen eingehalten werden. Nachbarn sind einem Bauverfahren beizuziehen und besitzen ihrerseits ein beschränktes Mitspracherecht, wenn sie dartun können, wodurch sie in ihrer Rechtssphäre verletzt werden könnten.

Aufgabe der Baubehörde ist es nun auf Grundlage der rechtlichen Vorgaben des Baugesetzes die Interessen von Bauwerbern und Nachbarn zu prüfen, abzuwägen und schlussendlich zu entscheiden, ob und wie etwas gebaut werden darf.

Vielfach werden von Nachbarn die Möglichkeiten der Baubehörde überschätzt, ein bestimmtes Vorhaben im Bewilligungsverfahren zu verhindern, und verkennen sie ihre eigene rechtliche Position im Verfahren völlig. Als unmittelbar Betroffene eines Bauverfahrens können sie um ihre Rechte kämpfen, müssen aber auch die gesetzlichen Grenzen dazu erkennen und anerkennen können.[231]

Anhand von Fallbeispielen der Baubehörde meiner Heimatgemeinde werden nun zu verschiedenen Schwerpunktthemen nach einem allgemeinen und rechtlichen Einleitungsteil die Konflikte und Problemfelder zwischen Bauwerbern und Nachbarn aufgezeigt und das Handeln und Entscheiden der Baubehörde dargelegt.

[231] *Hauer*, Der Nachbar im Baurecht[6] (2008), 29 f.

1. Gutachten und Kostentragung in Baubewilligungs- und baupolizeilichen Verfahren

1.1. Gutachten – rechtliche Bestimmungen

Bauwerber sind neben der Durchführung eines raschen Verfahrens zur Erlangung ihrer Baubewilligung auch daran interessiert, dass die Kosten dafür möglichst niedrig bleiben. Die Beiziehung von Gutachtern, insbesondere von nicht amtlichen Sachverständigen, steht diesen Interessen der Bauwerber meist konträr gegenüber. Auswahl und Bestellung von nicht amtlichen Sachverständigen und deren Gutachtenserstellung benötigen Zeit und sind solche Gutachten mitunter ein großer Kostenfaktor bei Baubewilligungen. Bauwerber sind deshalb bezüglich der Beibringung von Gutachten oder der Beauftragung von nicht amtlichen Gutachtern durch die Baubehörde stets etwas skeptisch und bezweifeln gelegentlich deren Notwendigkeit.

Auf der anderen Seite sind Nachbarn an einer umfassenden Beurteilung eines Bauvorhabens interessiert und ergibt sich aus deren Einwendungen mitunter sogar der Bedarf an weiteren Gutachten bzw vorzunehmenden Abklärungen.

Im Stmk BauG werden keine Aussagen getroffen, wann die Notwendigkeit eines Sachverständigenbeweises vorliegt. Die Baubehörde hat über diese Notwendigkeit selbst zu entscheiden und obliegt ihr auch die Auswahl der Person des Sachverständigen (Grundsatz der arbiträren Ordnung). Die Partei hat wie bereits unter Punkt 1.6. Sachverständigengutachten angeführt zwar die Möglichkeit, einen Vorschlag zur Auswahl eines Sachverständigen zu erstatten, jedoch kein Recht auf Mitbestimmung und Entscheidung.

Die Frage der Auswahl von Sachverständigen stellt sich bei Vorhandensein von amtlichen Sachverständigen grundsätzlich nicht. Wie bereits ausführlich dargelegt[232], hat die Behörde nach § 52 Abs 1 AVG vorrangig die ihr beigegebenen oder ihr zur Verfügung stehenden amtlichen Sachverständigen (Amtssachverständige) beizuziehen.

Die Baubehörden der Gemeinden, mit Ausnahme von größeren Stadt- und Marktgemeinden, verfügen in der Regel nicht über bedienstete Sachverständige im Bereich der Bautechnik, geschweige denn über Sachverständige in spezialisierten Fachbereichen. Das Amt der Stmk LR verfügt zwar über einen Sachverständigendienst, der aber in erster Linie für die Aufgabenvollziehung des Landes tätig ist und somit für die Gemeinden nur in Ausnahmefällen (2.instanzliche Beurteilungen, spezielle Immissionsberechnungen ua) herangezogen werden kann.

Der Beiziehung von nicht amtlichen Sachverständigen kommt damit überwiegende Bedeutung zu. Nicht amtliche Sachverständige sind verfahrensrechtlich mit Bescheid zu bestellen und stellt dies eine von den Parteien nicht anfechtbare Verfahrensanordnung dar.
Eine unterlassene Bestellung mit verfahrensrechtlichem Bescheid stellt aber keinen wesentlichen Verfahrensmangel dar und bleibt der Anspruch der Behörde auf Kostenersatz gewahrt[233].

Notwendige Gutachten in Bauverfahren könnten sein (bspw):

- Bautechnisches Gutachten
- Geotechnisches und/oder hydrologisches bzw hydrogeologisches Gutachten
- Verkehrstechnisches Gutachten/Ortsbildgutachten/raumplanerisches Gutachten
- Immissionstechnisches und schalltechnisches Gutachten

[232] Oa Kapitel II Baubehördliche Verfahren, 1.6 Sachverständigengutachten.
[233] VwGH 22.3.2000, 98/04/0146.

- Maschinentechnisches Gutachten
- Medizinisches (Tier- und/oder humanmedizinisches) Gutachten

Nach der jeweiligen Verfahrenslage muss die Einholung eines Gutachtens notwendig sein und kein Amtssachverständiger zur Verfügung stehen[234]. Notwendig ist die Einholung eines Gutachtens dann, wenn es sich um die Lösung von Tatfragen handelt, für deren Beantwortung nicht schon die allgemeine Lebenserfahrung genügt, sondern besondere Fachkunde und Erfahrung notwendig ist[235]. Eine selbständige Beurteilung der Baubehörde ist hierbei unzulässig.

Die Unterlassung der Einholung eines Sachverständigengutachtens bei notwendiger Prüfung stellt einen wesentlichen Verfahrensmangel dar[236]. In letzter Konsequenz hat die Behörde bei Notwendigkeit ein Gutachten einzuholen und ist die Abstandnahme von diesem Gutachten nicht dadurch zu rechtfertigen, dass sich die Partei weigert, die Kosten für das Gutachten zu übernehmen[237].

Es besteht immer eine gewisse Gradwanderung für die Baubehörde, einerseits ausreichend Gutachten zur umfassenden Beurteilung eines Bauvorhabens zur Verfügung zu haben, damit auch der Behandlung von Einwendungen der Nachbarn nachgekommen werden kann, andererseits aber auch keine unnötigen Gutachten zu beauftragen, die die Verfahrenskosten für die Bauwerber nur noch zusätzlich erhöhen. War nämlich die Einholung eines Sachverständigengutachtens nicht notwendig, was einem Verstoß gegen das Effizienzprinzip zugerechnet werden kann, dann hat die antragstellende Partei gemäß § 76 AVG für die Kosten des Gutachtens selbst dann nicht aufzukommen, wenn sie die Aufnahme des Sachverständigengutachtens beantragt hatte[238].

---

[234] VwGH 15.9.1983, 2959-2961/80.
[235] VwGH 27.3.1995, 90/10/0143; 27.11.1995, 93/10/0209.
[236] VwGH 26.1.1995, 94/06/0228.
[237] VwGH 29.11.1984, 82/06/0020.
[238] VwGH 6.6.1957 Slg 4369 A.

Zu erwähnen ist bei Gutachten, dass sie so abgefasst werden müssen, dass sie für die Behörde überprüfbar und nachvollziehbar sind. Nach ständiger Rechtsprechung des VwGH hat sich die Behörde zunächst zu vergewissern, ob das Gutachten in sich schlüssig ist, und ob es den Erfahrungen des täglichen Lebens, also den Denkgesetzen nicht zuwiderläuft. Nach der Schlüssigkeitsprüfung hat die Behörde den Inhalt des Gutachtens zu würdigen. Diese Prüfung stellt das Kernstück der freien Beweiswürdigung dar. Nach der Rechtsprechung des VwGH kommt es bei der Prüfung des Beweiswertes ausschließlich auf den „inneren Wahrheitswert"[239] des Gutachtens an, also nach dem Anteil, den es zur Erledigung eines Beweisthemas beiträgt, nach Schlüssigkeit oder Unglaubwürdigkeit der Aussagen.[240]

Ein von einem tauglichen Sachverständigen erstelltes, mit den Erfahrungen des Lebens und den Denkgesetzen nicht im Widerspruch stehendes Gutachten kann in seiner Beweiskraft nur durch ein gleichwertiges Gutachten bekämpft werden[241].

Soweit Parteien behaupten, die eingeholten Gutachten seien inhaltlich unrichtig, wäre es Sache dieser Parteien, die behauptete Unrichtigkeit der eingeholten Gutachten durch Gegengutachten unter Beweis zu stellen. Dieses Entgegentreten auf gleicher fachlicher Ebene kann durch laienhaft vorgebrachte Einwendungen oder bloß gegenteilige Behauptungen nicht erfüllt werden. Nur ein fachlich fundiertes Gegengutachten ist geeignet, allenfalls den Gegenbeweis zu erbringen.[242]

1.2. Gutachten Beispielfall 1

Ein gemischter landwirtschaftlicher Betrieb, der neben der Schweinemast auch Weinbau betreibt, beabsichtigte, einen bestehenden Schweinestall zu Räumlichkeiten für eine Buschenschank umzubauen. Zuvor bestand bereits ein Ausschankraum im

[239] Vgl VwSlgNF 2453 A/1952; VwGH ZfVB 1984/814.
[240] *Attlmayr*, Das Recht des Sachverständigen im Verwaltungsverfahren (1997), 199.
[241] VwGH 27.5.1987, 87/01/0022.
[242] VwGH 16.2.1987, 87/02/0130.

Wohnhaus der Betriebsfamilie und konnten Gäste im Hofbereich des Betriebes parken. Es erfolgte ein entsprechendes Bauansuchen über eine Nutzungsänderung von Stall und Wirtschaftsgebäude zu einer Buschenschank für ca 60 Personen samt Nebenräumen, wobei auch der Zubau zweier Terrassen und die Neuerrichtung von 14 KFZ-Abstellplätzen für die Gäste beinhaltet waren.

Zur ersten Bauverhandlung erfolgte von der Baubehörde nur die Beiziehung eines bautechnischen und brandschutztechnischen nicht amtlichen Sachverständigen, da durch den Wegfall des Schweinestalles lediglich mit einer Verminderung der vorhandenen Geruchsemissionen aus der Tierhaltung gerechnet wurde. Umso mehr überraschte es dann, dass vom nördlich anrainenden Nachbarn zahlreiche Einwendungen vorgebracht worden sind. Aufgrund des schon bestehenden zwar kleineren Buschenschankbetriebes im Wohnhaus der Familie gebe es bereits jetzt Lärmbelästigungen für den Nachbarn, wie dieser behauptete. Dies einerseits wegen des teilweisen Aufenthaltes der Gäste im Freien und andererseits wegen der Gästefahrzeuge, die die seinem Grundstück nächstgelegene nördliche Hofausfahrt als Zu- und Abfahrt nützen, obwohl der Betrieb der Bauwerber auch über eine südliche Hofzufahrt verfüge. Diese bereits vorhandene Lärmbelästigung werde mit der Errichtung und dem Betrieb des geplanten Bauvorhabens wesentlich zunehmen. Des Weiteren ergeben sich durch die Benützung der PKW-Abstellplätze Luftschadstoffe, deren Immissionen und Auswirkungen auf ihn zu beurteilen sind. Abschließend wurde angeführt, dass die Möglichkeit des Rauchens und Sprechens der Gäste bei den geplanten offenen Terrassen zu einer Belästigung und Beeinträchtigung führen können.

Seitens der Baubehörde wurde festgestellt, dass es sich bei der Einwendung Lärm um ein im

§ 26 Abs 1 Z 3 Stmk BauG explizit angeführtes Nachbarrecht betreffend Schallschutz handelt. Die näheren Bestimmungen dazu finden sich in § 77 Abs 1 leg cit und müssen

Bauwerke so geplant und ausgeführt sein, dass gesunde, normal empfindende Benutzer oder Nachbarn nicht durch auftretenden Schall in ihrer Gesundheit gefährdet oder unzumutbar belästigt werden.

Hinsichtlich Luftschadstoffe konnte sich der Nachbar nicht auf die Bestimmungen des § 26 Abs 1 Z 1 Stmk BauG beziehen, da alle beteiligten Grundstücke sich im Freiland gemäß § 33 Stmk ROG befinden und somit eine Überprüfung der Übereinstimmung des Vorhabens mit dem Flächenwidmungsplan, soweit damit ein Immissionsschutz verbunden ist, nicht erfolgen kann. Einen Immissionsschutz weisen bspw Baugebiete wie Allgemeines oder Reines Wohngebiet, Gewerbegebiet oder Dorfgebiet auf, nicht jedoch die Widmungskategorie Freiland.
Sehr wohl verhalf ihm die Bestimmung des Abstandsrechts gemäß § 13 Abs 12 Stmk BauG, die der Behörde bei unzumutbarer oder das ortsübliche Ausmaß übersteigender Belästigung oder Gesundheitsgefährdung die Vorschreibung größer Abstände ermöglicht, mit seiner Einwendung hinsichtlich Luftschadstoffe durchzudringen. Damit räumt das Stmk BauG im Ergebnis dem Nachbarn ein Mitspracherecht ein, das unabhängig von der Flächenwidmung gegeben ist[243].

Die Baubehörde sah sich nun veranlasst, zur Beurteilung der Einwendungen in Bezug auf Lärm und Luftschadstoffemissionen Gutachter zu beauftragen. Nachdem Amtssachverständige nicht zur Verfügung standen, erfolgten entsprechende Bestellungsbescheide gemäß § 52 Abs 2 AVG an einen Schalltechniker, an einen Sachverständigen für Emissions- und Immissionstechnik und an einen Humanmediziner für die zusammenfassende und abschließende Beurteilung. Diese Bestellungsbescheide wurden dem Bauwerber samt jeweiliger Honorarangebote zur Kenntnis gebracht und von diesem akzeptiert.

[243] VwGH 30.3.2004, 2003/06/0056; 27.11.2007, 2003/06/0090.

Der Schalltechniker hatte als Emissionsquellen den Buschenschank- und Terrassenbetrieb, das Gästeverhalten und allenfalls mögliche Musikdarbietungen, den Parkplatzbereich mit Zu- und Abfahrten samt Starten und Türenschlagen von PKWs in den Tages-, Abend- und beginnenden Nachtstunden zu beurteilen und verschiedene Immissionspunkte zum Nachbarn hin festgelegt. Aus dem Ergebnis seiner Untersuchungen kommt er zum Schluss, dass die für Tag, Abend und Nacht festgelegten Immissionsrichtwerte von 55/50/45 dB durch die spezifischen Immissionen (Prognose) auch an den Grenzen des Baugrundstückes deutlich eingehalten werden.

Das luftreinhaltetechnische Gutachten nahm Bezug zu den Emissionen luftfremder Stoffe wie Stickoxide (NO_x), Kohlenmonoxid (CO), Feinstaub (PM_{10} bzw $PM_{2,5}$) und Benzol (C_6H_6), die aus der Benützung der Parkplatzflächen erwartet werden könnten. Ausgehend von einer Grundvorbelastung, den zu erwartenden PKW-Fahrbewegungen und unter Berücksichtigung meteorologischer Daten und Ausbreitungsberechnungen kommt der Gutachter zu dem Schluss, dass die durch das Projekt verursachten Zusatzimmissionen an den betrachteten Immissionspunkten im Bereich der benachbarten Wohnnachbarschaften und Grundgrenzen unterhalb der Irrelevanzgrenzen liegen. Voraussetzung für diese Schlussfolgerungen ist jedoch die Einhaltung des als Auflagevorschlag formulierenden Punktes, dass Fahrbahn und Abstellplätze im Bereich des Gästeparkplatzes staubfrei befestigt herzustellen sind.
Die zusammenfassende Bewertung beider vorgenannten Gutachten und die Beurteilung der Immissionen verursacht durch Zigarettenrauch oblag nun dem Umweltmediziner. Hinsichtlich der Beurteilung Lärm stellte der Humanmediziner fest, dass es für die Tag- und Abendstunden keinerlei relevanten Belastungen gibt. Eine nachhaltige Schlafstadienänderung und vermehrt bewusste Weckreaktionen sind nicht zu erwarten, vorausgesetzt die antragsgemäßen Betriebszeiten bis 24:00 Uhr werden eingehalten. Im Hinblick auf Geruchsbelästigungen durch KFZ-Abgase sind diese gemäß luftreinhaltetechnischem Gutachten auszuschließen, und kommt es dabei zu

keinen medizinisch relevanten Immissionen. Durch ein Strömungsprüfgerät wurden Zigarettenzüge simuliert und dabei festgestellt, dass die sich dabei gebildeten weißen Wölkchen in Nordnordwest-Richtung abströmen und sich nach spätestens 3,0 m völlig auflösen. Nach Ausbreitungsmodellierung, Windverteilung und Strömungssimulation wird eine Belästigung durch Zigarettenrauch ausgeschlossen.

Es folgte eine weitere Bauverhandlung, bei der die eingeholten Gutachten dargestellt und von den Sachverständigen erläutert wurden. Dem Nachbarn schien der Lärmschutz unzureichend, denn er forderte eine schallschutztechnische Verbauung der Terrasse Ost, wo sich auch der Zugangsbereich zum Buschenschank befand. Der Schalltechniker schlug statt einer Verbauung die Errichtung einer Lärmschutzwand vor und könnten damit die Schallpegelspitzen um 3 – 5 dB verbessert werden. Die übrigen Sachverständigen attestierten, dass durch diese zusätzliche Baumaßnahme es zu keiner Verschlechterung der Luftschadstoffimmissionssituation kommt bzw keinerlei maßgeblichen Lärmspitzen mehr auftreten, die die Schlafqualität beeinträchtigen könnten. Der Bauwerber willigte schließlich in die Abänderung seines Bauvorhabens in Form der zusätzlichen Errichtung einer Lärmschutzwand auf der ostseitigen Terrasse ein, obwohl auch ohne diese Maßnahme die Richtwerte laut Schallgutachten eingehalten werden. Ein sich auch bei positiver Bewilligung seines Bauvorhabens durch Berufungserhebung des Nachbarn fortzusetzendes Verfahren mit Einholung eventuell weiterer Gutachten machte ihm die Entscheidung leichter.

Der Bauwerber erhielt seine Baubewilligung und wurde vom Nachbarn keine Berufung dagegen erhoben. Die Gutachtenskosten im oberen fünfstelligen Bereich wurden dem Bauwerber als Verfahrenskosten vorgeschrieben. Zu den Verfahrenskosten wird weiter unten in diesem Kapitel noch näher ausgeführt.

1.3. Gutachten Beispielfall 2

Ein Landwirt ersuchte um Genehmigung eines Gülleteichs im Ausmaß von 18 x 18 m und einem Fassungsvermögen von 1.500 m^3. Es handelt sich dabei um ein Erdbecken mit umlaufendem Damm, welches mit zweifacher Folie zum Untergrund hin abgedichtet wird und nach oben hin offen ist. Der Gülleteich wird als Zwischenlager für die Wintermonate genutzt, dh die Befüllung erfolgt im Herbst und die Entnahme und Ausbringung im Frühjahr vor dem Anbau der Kulturpflanzen. Als Abdeckung des Güllelagers soll Strohhäcksel als Schwimmdecke aufgebracht werden. Bei dem Baugrundstück handelt es sich um ein derzeit als Acker genutztes Grundstück im Freiland, welches ca 300 m vom nächstgelegenen Wohnobjekt entfernt gelegen ist. In derselben Entfernung befindet sich ein ehemaliger Heil- und Mineralwasserbetrieb, von dem noch 6 wasserrechtlich bewilligte Tiefenbrunnen existieren, und zu deren Schutz eine Schongebietsverordnung seinerzeit erlassen wurde.

Zur Abklärung der Beeinträchtigung wasserwirtschaftlicher Interessen wurde wegen der Nähe zu den genannten Tiefenbrunnen ein Hydrogeologe von der Baubehörde beauftragt. Dieser kommt in seinem Gutachten zu dem Schluss, dass eine Beeinträchtigung der wasserrechtlich bewilligten Brunnen aufgrund der hydrogeologischen Situation nicht zu erwarten ist, und sich auch aus den Vorgaben der Schongebietsverordnung weder ein Verbot noch eine Beschränkung oder wasserrechtliche Bewilligungspflicht für das Bauvorhaben ableiten lassen.

Die von Tieren ausgeschiedenen Exkremente und die Bearbeitung des gesamten Mistes, der Gülle etc sind in der landwirtschaftlichen Tierhaltung als die wichtigsten Geruchsquellen anzusehen. Eine geplante Lagerstätte für Gülle ist somit jedenfalls hinsichtlich der entstehenden Geruchsemissionen zu beurteilen. Das Referat Luftreinhaltung des Amtes der Stmk LR kam auf Ersuchen der Baubehörde der Gemeinde dieser Beurteilung in Form der Amtshilfe nach. In dem Amtsgutachten wird zunächst darauf verwiesen, dass es keine national verbindlichen Vorgaben zur

Beurteilung von Geruchsbelästigungen gibt. Auf Landesebene habe man sich mit der Umweltmedizin auf die Beurteilungskriterien der Geruchseinheiten (GE) und der Jahresgeruchsstunden (JGS) für Tierhaltungsbetriebe geeinigt. Analysen zeigen, dass im Bereich der Tierhaltung mit weniger als 10 % Geruchsbeschwerden zu rechnen ist, wenn die Beurteilungskriterien 1 GE/m³ bei 15 % JGS und 3 GE/m³ bei 3 % JGS eingehalten werden. Aus dem Ergebnis der Ausbreitungsmodellierung lässt sich für das Bauvorhaben ableiten, dass nur im unmittelbaren Bereich des Baugrundstückes die Geruchshäufigkeiten bei 1 GE/m³ höher sind, im Bereich der Tiefenbrunnen und der nächstgelegenen Wohnhäuser jedoch weit unter 1 % liegen. Gerüche mit einer Geruchsstoffkonzentration von 3 GE/m³ treten mit einer Konzentration von mehr als 1 % nur auf der Bauparzelle selbst auf. Zu erwähnen ist, dass für die Strohabdeckung des Gülleteiches nur die Hälfte des Wertes der möglichen Emissionsminderung eingerechnet wurde.

Aus medizinischer Sicht erstattete zu den ermittelten Geruchsemissionen eine nicht amtliche Sachverständige ein Gutachten. Sie bezieht sich bei Grenzwerten für Gerüche auf die österreichische Akademie der Wissenschaften und empfehle diese bei der Geruchsintensität von 1 GE/m³ ein absolutes Ausmaß von 8 % der Gesamtzeit bzw der JGS. Beim zweiten Kriterium 3 GE/m³ liegt der Grenzwert gleich wie bei der technischen Beurteilung, nämlich bei 3 % JGS. Bezugnehmend auf das immissionstechnische Gutachten kann festgestellt werden, dass Nachbarn des Bauvorhabens in deutlich weniger als 1 % JGS von wahrnehmbaren, aber nicht starken Gerüchen betroffen sind, was Auswirkungen auf die Gesundheit der Nachbarn weitestgehend ausschließt. Auch eine Belästigungsreaktion ist aufgrund des geringen Ausmaßes der Immissionen im Bereich der nächstgelegenen Wohnnachbarschaft, vor allem unter Berücksichtigung der Ortsüblichkeit, nicht anzunehmen.

Solcherart mit Gutachten ausgestattet wurde zur Bauverhandlung geladen. Von zwei nicht direkt geladenen Nachbarn[244], sie befanden sich nicht im Umkreis von bis zu 30 m von der Bauplatzgrenze entfernt, erfolgten jeweils vergleichbare Einwendungen, die sich auf Geruchs- und Feinstaubbelastung, Gefährdung durch MRSA-Keime[245] und Lästlinge, unzumutbare Lärmbelästigung infolge Zu- und Abfahrten samt Pumparbeiten, Gefährdung des Grundwassers und der Hausbrunnen und nicht fachgerechte Planung samt unvollständiger Abdeckung des Gülleteiches bezogen.

Eine Beeinträchtigung durch Lärm infolge Benützung des Bauvorhabens schien für die Baubehörde in ihrer Erstbeurteilung nach der allgemeinen Lebenserfahrung nach nicht notwendig, weshalb sie vor der Bauverhandlung kein entsprechendes Gutachten einholen ließ. Aufgrund der vorliegenden Einwendungen der Nachbarn sollte die Lärmsituation aber einer gutachterlichen Prüfung unterzogen werden.

Der Bauwerber sprach sich in seiner Stellungnahme nach Erhalt des Kostenangebotes gegen ein solches Lärmgutachten aus. Es befinden sich beim Gülleteich keine Anlagen, die ständigen Lärm erzeugen und ist mit keinem stark vermehrten Verkehrsaufkommen während weniger Tage im Frühling bei der Gülleausbringung zu rechnen. Die einzige Lärmquelle ist der Betrieb des Rührwerkes, welches vom Traktor im Standgas angetrieben wird. Bei der Befüllung und Entleerung des Gülleteichs wird ausschließlich mit Eigendruck gearbeitet. Außerdem befinden sich die Nachbarn, die Einwendungen bezüglich des Lärms erhoben haben, in ca 230 m Entfernung zum gegenständlichen Baugrundstück und wäre ihnen diesbezüglich keine Parteistellung zuzuerkennen.

Die Baubehörde kam mit dem Bauwerber schließlich darüber überein, nur eine kostengünstigere schalltechnische Stellungnahme zu beauftragen. In dieser

---

[244] § 25 Abs 1 Stmk BauG – persönliche Verständigung der bekannten Beteiligten, zu denen lt Z 5 die Nachbarn gem Verzeichnis nach § 22 Abs 2 Z 4 gehören.

[245] MRSA-Keime steht für antibiotika-resistente Staphylokokken - Methicillin-resistenter Staphylococcus aureus.

Stellungnahme werden als Lärmquellen lediglich der Betrieb des Rührwerks zur Homogenisierung der Gülle vor deren Ausbringung sowie der kurze Fahrbereich von der Gemeindestraße zu den Befüll- und Entleerungsstationen des Gülleteiches genannt. Die Fahrten von der Hofstelle zum Gülleteich sind nicht in das Beurteilungsverfahren einzubeziehen, da sie über öffentliche Straßen führen und auch bisher schon durchgeführt wurden und somit als ortsüblich anzunehmen sind. Nach dem Ergebnis der schalltechnischen Untersuchungen, so der Sachverständige, kann aufgrund der Entfernungen zur Nachbarschaft und der eher seltenen Ereignisse eine Beeinträchtigung durch Lärmimmissionen ausgeschlossen werden.

Zu der aufgeworfenen Thematik Lästlinge und MRSA-Keime erhielt die Baubehörde eine Stellungnahme der Landwirtschaftskammer Steiermark. Der Begriff „Lästlinge" ist im § 4 Z 43 Stmk BauG ausführlich erläutert und ist deren Auftreten auf ein zumutbares Niveau zu beschränken. Dies gibt für landwirtschaftliche Betriebsanlagen insbesondere § 95 Abs 1 Z 2 Stmk BauG vor. Bei Lästlingen handelt es sich zumeist um Insekten, die sich in der näheren Umgebung des Menschen aufhalten und sind hierbei vor allem Fliegen gemeint. Bei Güllelagern kommen Fliegen nicht in einem beeinträchtigenden Ausmaß vor. Eine Vermehrung kann bei Gülleteichen nur auf der Schwimmdecke stattfinden, doch werden aufgrund der möglichen Luftbewegungen bei offenen Lagerstätten solche Örtlichkeiten von den Fliegen eher gemieden.

MRSA-Keime sind im Bereich von Güllelagern laut aktueller Literatur nicht aufgetreten und gelten solche laut VDI 4255[246] auch nicht als Risikopotential. Zudem existieren derzeit auch keine medizinisch begründete Immissionsgrenzwerte für Bioaerosole[247]. Unter der hypothetischen Prämisse der Existenz schädlicher Keime bei Güllelagerungen ist eine aktive Verbreitung an die Umwelt infolge mangelnder Substrat- und Luftbewegung aus rein physikalischer Sicht nicht zu erwarten.

[246] VDI - Verein Deutscher Ingenieure e.V. Richtlinie 4255 Bl. 2 „Emissionsquellen und –minderungsmaßnahmen in der landwirtschaftlichen Nutztierhaltung – Übersicht", 12.2009.

[247] Bioaerosole ist der Überbegriff für luftgetragene Teilchen biologischer Herkunft.

Die oben angeführten Begutachtungen des Lärms und der Lästlinge/MRSA-Keime wurden den Parteien (Bauwerber, Nachbarn) in Wahrung des Parteiengehörs zur Kenntnisnahme übermittelt. Von Seiten der Nachbarn wurden diese jeweils als nicht schlüssig bzw mangelhaft abgelehnt. Der Bauwerber hält diesen Einwendungen entgegen, dass gegen gutachterliche Äußerungen grundsätzlich auf gleicher fachlicher Ebene entgegenzutreten ist.

Dem ist beizupflichten. Will man gegen ein vorhandenes Gutachten vorgehen, dann wäre hierfür nicht nur eine präzise Darstellung der gegen das Gutachten gerichteten sachlichen Einwände, sondern darüber hinaus die Vorlage des Gutachtens eines anderen Sachverständigen erforderlich[248].

Mangels einer ausreichenden Beurteilung der Bodenverhältnisse und der Baumaßnahmen durch den beigezogenen nicht amtlichen Bausachverständigen und auch wegen der diesbezüglichen Einwendungen der Nachbarn beauftragte die Baubehörde zusätzlich ein geotechnisches Gutachten, auf das hier nicht näher eingegangen wird.

Die Baubehörde bewilligte die Errichtung des Gülleteiches unter Vorschreibung einiger Auflagepunkte und wurden die Einwendungen der genannten Nachbarn in Bezug auf Lärm, Geruch und Gesundheitsgefährdung durch Lästlinge und MRSA-Keime als unbegründet abgewiesen bzw Einwendungen anderer Nachbarn auf den Zivilrechtsweg verwiesen. Die Abweisungen der Einwendungen ergaben sich aus den schlüssigen und nachvollziehbaren Gutachten, denen nicht auf gleicher fachlicher Ebene mittels Gegengutachten entgegnet wurde.

Die Barauslagen für die Heranziehung der nichtamtlichen Sachverständigen blieben im unteren vierstelligen Bereich und sind dem Bauwerber im Bewilligungsbescheid

[248] Vgl VwGH 29.11.2017, Ra 2015/04/0014; 30.6.2010, 2009/12/0124; 10.11.2008, 2003/12/0078.

zusammen mit den anderen Kosten für Verwaltungsabgaben, Kommissionsgebühr und feste Gebühren vorgeschrieben worden.

Nicht unerwähnt bleiben soll, dass die beiden Nachbarn gegen die Baubewilligung berufen haben. Der Gemeinderat hat die Berufung als unbegründet abgewiesen, da der Entscheidung der Baubehörde 1. Instanz gefolgt werden konnte und im Berufungsverfahren keine Gegengutachten durch die Nachbarn vorgelegt wurden.

Nach Beschwerdeerhebung ging der Akt zum Landesverwaltungsgericht. Die Richterin beauftragte Amtssachverständige für ein zusätzliches immissionstechnisches und lärmtechnisches Gutachten. Hinsichtlich Immissionstechnik war für die Richterin noch die Frage zu klären, ob der Verwendungszweck des Gülleteiches eine das ortsübliche Ausmaß übersteigende Belästigung der Beschwerdeführenden Nachbarn erwarten lässt. In Bezug auf Lärm war ihr die schalltechnische Stellungnahme im erstinstanzlichen Verfahren nicht schlüssig und nachvollziehbar genug. Diese beiden Gutachten des Landesverwaltungsgerichtes bestätigten im Wesentlichen die Darlegungen der Gutachten der Baubehörde. Letztendlich wurden nach Durchführung einer Verhandlung mit Erkenntnis des Landesverwaltungsgerichtes die Beschwerden der Nachbarn als unbegründet abgewiesen.

1.4. Kostentragung – rechtliche Bestimmungen

Bezüglich der Kostentragung eines Verfahrens ist auf die Bestimmungen §§ 74 – 79 AVG zu verweisen. Nach § 74 AVG haben die einzelnen Beteiligten die ihnen aus der Durchführung des Verfahrens erwachsenden Kosten ohne Rücksicht auf das Ergebnis des Verfahrens selbst zu tragen (Grundsatz der Selbstkostentragung).

Die Kosten für die Tätigkeit der Behörden sind somit grundsätzlich von Amts wegen zu tragen. Hierunter fallen auch die Kosten der Amtssachverständigen, da diese ja

Bedienstete der Behörden sind, und sie die Aufgaben (Tätigkeiten) der Behörde erbringen.

Ausnahmen dazu ergeben sich in Bezug auf Barauslagen[249], die der Behörde für eine bestimmte Amtshandlung erwachsen und über den allgemeinen Personal- und Sachaufwand hinausgehen. Hierunter fallen vor allem die Kosten für Gutachten nicht amtlicher Sachverständige sowie für Kommissionsgebühren[250] und für Verwaltungsabgaben[251]. Für diese hat im Allgemeinen die Partei aufzukommen, die um die Amtshandlung angesucht hat.

Die Entscheidung über die Kosten ist grundsätzlich in den Spruch des die Angelegenheit erledigenden Bescheides aufzunehmen[252]. Üblicherweise wird dazu der Bescheidspruch als eigener Teil für die Kosten neben dem über die jeweilige Bauangelegenheit inhaltlich absprechenden Spruch ergehen. Es ist jedoch auch möglich, die Kosten in einem eigenen selbständigen Bescheid der Partei vorzuschreiben.

Die Kosten, vor allem die Barauslagen für die nicht amtlichen Sachverständigen, können in einem Baubewilligungsverfahren beträchtlich sein, wenn zur umfassenden Beurteilung eines Bauvorhabens, wie in den beiden Beispielfällen zuvor aufgezeigt, verschiedenste Gutachten von der Baubehörde zu beauftragen sind.

Die Überwälzung der Kosten von nichtamtlichen Sachverständigen auf die Partei ist nur dann zulässig, wenn der Beweis durch Sachverständige iSd § 52 Abs 1 AVG notwendig war[253] und die in § 52 Abs 2[254] oder Abs 3 AVG normierten Bedingungen

---

[249] § 76 AVG.
[250] § 77 AVG.
[251] § 78 AVG.
[252] § 59 Abs 1 AVG; *Adamovich/Funk*, Allgemeines Verwaltungsrecht[3], 380 f.
[253] VwSlg 4369/A/1957; VwGH 11.9.1997, 97/07/0074.
[254] VwSlg 14.798 A/1997; VwGH 30.5.2000, 96/05/0166; 16.4.2004, 2001/10/0156.

erfüllt sind. Daraus geht hervor, dass der Sinn der in § 52 Abs 1 bis 3 AVG normierten Rangfolge auch darin besteht, die Parteien vor unnötigen Kostenbelastungen zu schützen.

Die ordnungsgemäße Bestellung von Gutachtern und die zuvor erfolgte Kosteninformation an die Bauwerber sind dabei wichtige Verfahrensschritte, damit eine Weiterverrechnung dieser Kosten rechtskonform an die Bauwerber durch die Baubehörde erfolgen kann. Die Behörde hat die Gebühr dem Sachverständigen gegenüber sowohl im Sinne des § 53a AVG zuvor bescheidmäßig festzusetzen als auch zu bezahlen. Erst danach kommt ein Ersatz der Barauslagen durch die Beteiligten in Betracht.[255]

In Bezug auf baupolizeiliche Verfahren sind die Kosten für die Tätigkeit der Behörde üblicherweise im Sinne § 75 Abs 1 AVG von Amts wegen zu tragen, handelt es sich dabei doch vor allem um sogenannte amtswegige Verfahren. Die Überprüfung der laufenden Bautätigkeit, der erfolgten Bauausführung und deren Benützung erfolgen entweder auf Veranlassung der Behörde selbst oder sind durch Anzeige von Nachbarn herbeigeführt worden.

Sollten solche Handlungen der Behörde jedoch durch Verschulden von Bauherrn (etwa bei einer unbefugten Bauführung) oder sonstigen Beteiligten herbeigeführt worden sein, dann werden diese mit den Kosten zu belasten sein[256].

Ein ausdrücklicher Hinweis auf die Verfahrenskosten findet sich in § 29 Abs 6 Stmk BauG in Bezug auf die nachträgliche Überprüfung von bewilligten landwirtschaftlichen Tierhaltungsbetrieben. Diese Verfahrenskosten hat die Gemeinde gemäß letztem Satz dieses Absatzes selbst zu tragen.

---

[255] VwGH 21.10.1987, 87/03/0175; 24.2.2004, 2002/05/0658.
[256] VwGH 11.6.1987, 86/06/0073, BauSlg 936.

2. Parteistellung und deren Umfang

2.1. Parteistellung – rechtliche Bestimmungen

Gemäß § 8 AVG kommt einer Person in einem Verwaltungsverfahren Parteistellung zu, wenn sie an der Verwaltungssache vermöge eines Rechtsanspruchs oder eines rechtlichen Interesses beteiligt ist.

Als Partei sind neben dem Bauwerber die Nachbarn gemäß §§ 26, 27 iVm § 4 Z 44 Stmk BauG explizit angeführt. Jedenfalls Nachbarn sind gemäß § 4 Z 44 Stmk BauG die Eigentümer der an den Bauplatz unmittelbar angrenzenden Grundflächen. Daneben sind die Eigentümer jener Grundflächen Nachbarn und damit Parteien, die zum Bauplatz in einem solchen räumlichen Naheverhältnis stehen, dass von dem Bauvorhaben oder dessen konsensgemäßer Benützung Immissionen auf diese Grundfläche ausgehen können, gegen welche die Bestimmungen des Stmk BauG Schutz gewähren[257].

Die bloße Möglichkeit von Einwirkungen des Bauvorhabens auf Grundflächen einer Person begründet deren Parteistellung im Baubewilligungsverfahren. Die Frage der tatsächlichen Beeinträchtigung ist dann Gegenstand der Prüfung in diesem Verfahren[258].
Maßgebend ist somit nicht, ob nachteilige Einwirkungen tatsächlich eintreten, sondern ob mit ihnen gerechnet werden muss[259]. Es kommt darauf an, ob eine Beeinträchtigung der Rechtssphäre des Nachbarn überhaupt möglich ist[260].

Ist eine Beeinträchtigung eines Grundeigentümers durch Immissionen auf dessen Grundflächen, gegen welche die Bestimmungen des Stmk BauG Schutz gewähren, gar

[257] Vgl VwGH 25.6.1999, 97/06/0194.
[258] VwGH 28.4.1988, 85/06/0114.
[259] VwGH 3.5.1976, 1895/75, VwSlg 9048 A/1976; 26.4.1965, 2342/64, VwSlg 6670 A/1965.
[260] VwGH 4.4.1991, 90/05/0178; 26.6.1990, 89/05/0240; 27.10.1981, 05/1534/79.

nicht möglich, kommt ihm keine Parteistellung im Verwaltungsverfahren zu. Eine solche Feststellung muss jedoch von der Baubehörde zunächst sorgfältig geprüft werden und bedarf häufig einer gutachterlichen Beurteilung. Erst wenn zweifelsfrei und schlüssig festgestellt werden kann, dass eine Betroffenheit des Einwendungswerbers ausgeschlossen werden kann, ist er nicht als Nachbar zu qualifizieren und sind seine Einwendungen als unzulässig zurückzuweisen.

Hinsichtlich der Parteistellung eines Nachbarn gilt es von der Baubehörde im Bauverfahren immer wieder darauf hinzuweisen, dass deren Mitspracherecht in zweifacher Weise beschränkt ist. Es besteht einerseits nur insoweit, als dem Nachbarn subjektiv öffentliche Rechte gemäß der in § 26 Abs 1 Stmk BauG taxativ angeführten Gefährdungen und unzumutbaren Belästigungen zukommen und andererseits nur in jenem Umfang, in dem der Nachbar solche Rechte im Verfahren durch die rechtzeitige Erhebung entsprechender Einwendungen wirksam geltend gemacht hat[261]. Die Nachbarrechte werden also nicht allumfassend – die sich aus jeglichen Bestimmungen des Baugesetzes oder aus anderen Rechtsmaterien ergeben könnten – gewährt.

Aus den Erfahrungsberichten der Gemeinde zeigt sich, dass das eingeschränkte Mitspracherecht des Nachbarn vielen nicht bewusst ist oder einfach ignoriert wird. So wird zB alles vorgebracht, was derzeit bereits als störend empfunden wird oder hinkünftig stören könnte, obwohl es mit dem geplanten Bauvorhaben in keinem direkten Zusammenhang gebracht werden kann. Ein anderes Mal werden zB regional-touristische, umwelthygienische oder straßenverkehrsrechtliche Auswirkungen dargestellt, deren Berücksichtigung im Baugesetz keine gesetzliche Verankerung haben, ebenso wie das Vorbringen von persönlicher Betroffenheit wie zB durch Beschattung, Wertminderung des Grundstückes, Ästhetik der Bebauung ua.

[261] Vgl VwGH 3.12.1980, Slg Nr 10.317/A, ua.

Ein Verhandlungsleiter einer Bauverhandlung ist hierbei gefordert, die diversen Vorbringen als Einwendungen den Kategorien der subjektiv öffentlichen, privatrechtlichen oder objektiv öffentlichen Rechte zuzuordnen, und deren unterschiedliche Behandlung darzulegen, sowie die nötige Aufklärungsarbeit (Manuduktionspflicht) gegenüber den Parteien zu leisten.

Ergänzend zu erwähnen ist in diesem Zusammenhang, dass Nachbarn bei Projekten gemäß § 22 Abs 6 Stmk BauG, das sind Bauprojekte, bei denen sowohl bewilligungspflichtige als auch anzeigepflichtige Vorhaben gemeinsam vorkommen, keine Parteistellung hinsichtlich der anzeigepflichtigen Vorhaben haben. Bauwerber können nämlich ein Bauvorhaben gemäß § 19 Z 8 Stmk BauG, welches aus baubewilligungspflichtigen und anzeigepflichtigen Vorhaben besteht, in einem durchzuführenden Baubewilligungsverfahren („Gesamtbauvorhaben") beurteilen lassen. Betreffend der damit verhandelten anzeigepflichtigen Vorhaben gemäß § 20 Z 3, 5 und 6 ist nur der Bauwerber Partei.[262]

Von einigen privaten Organisationen wird zu speziellen Bauvorhaben der Versuch unternommen, Parteistellung für sich zu reklamieren. Bei Stallbauvorhaben sind hierbei vorallem Umwelt- und Tierschutzorganisationen zu nennen, die sich gerne in ein Bauverfahren einbringen möchten, um dort ihre Anliegen und politischen Ziele im Bereich der landwirtschaftlichen Tierhaltung zu verfolgen. Ihre Legitimation dazu kann nur eine Vertretungsbefugnis sein, die vom Nachbarrecht eines Grundeigentümers ausgeht und der Organisation von einem Nachbarn erteilt wurde. Das Stmk BauG kennt nämlich keine Parteienstellung irgendwelcher Organisationen oder Einrichtungen, wenn diese nicht selbst die Stellung eines Bauwerbers oder Nachbarn aufweisen.

---

[262] *P. Frank/Teschinegg/Skalicki*, Raumordnungsrecht und Bauvorschriften[4], 260 und 271 f.

Am Beginn einer Verhandlung hat der Verhandlungsleiter die rechtliche Stellung der erschienenen Personen zu überprüfen und dabei auch die Parteistellung und/oder rechtmäßige Vertretungsbefugnis von Organisationen für Nachbarn festzustellen. Sollte sie gegeben sein, wird der Verhandlungsleiter Stellungnahmen und Einwendungen von Organisationen vorbringen lassen und einer Überprüfung durch Gutachten unterziehen. Wenn keine Nachbarrechte berührt werden, sind die Vorbringen jedoch bescheidmäßig zurückzuweisen.

2.2. Parteistellung Beispielfall

Ein Landwirte-Ehepaar beantragte bei der Baubehörde die Erteilung einer Baubewilligung für den Zubau eines Mastschweinestalls, die Errichtung einer Güllegrube und zweier Futtersilos sowie diverse Nutzungsänderungen. Die Baubehörde holte dazu eine Darstellung des rechtmäßigen Bestandes und eine immissionstechnische Beurteilung durch die Landwirtschaftskammer samt Plausibilitätsprüfung durch Amtssachverständige des Landes, sowie ein schalltechnisches und umweltmedizinisches Gutachten von jeweils nichtamtlichen Sachverständigen ein.

Aufgrund des derzeit vorhandenen rechtmäßigen Tierbestandes wurde durch das Gutachten der Landwirtschaftskammer eine Belästigungsgrenze in sämtliche Richtungen von 92,50 m festgestellt und für den projektierten künftigen Bestand eine Belästigungsgrenze von 92,00 m prognostiziert. Diese Daten sind vom Amtssachverständigen in seinem Plausibilitätsgutachten bestätigt worden und sorge eine moderne Lüftungsanlage künftig dafür, dass geringere Immissionsfrachten im nachbarschaftlichen Umfeld wirksam werden.

Da aus schalltechnischer Sicht auch keine Bedenken gegen das geplante Bauvorhaben bestanden, stellte der Umweltmediziner zusammenfassend fest, dass weder eine Gesundheitsgefährdung noch eine unzumutbare oder das ortsübliche Ausmaß übersteigende Belästigung der Nachbarn durch Lärm- und Geruchsemissionen zu erwarten seien.

Bei der Bauverhandlung trat der künftige Beschwerdeführer, der persönlich nicht zur Bauverhandlung geladen wurde, auf und beantragte die Parteistellung im Bauverfahren. Die Parteistellung ergebe sich aus seiner Betroffenheit durch erhöhte Immission von Feinstaub und MRSA-Keime, weshalb die Erstellung eines Feinstaubgutachtens sowie eines neuerlichen Immissionsgutachtens beantragt werde. Hierzu muss man wissen, dass der Beschwerdeführer ein Grundstück mit Wohnhaus besitzt, welches sich in ca 5 km Entfernung zur Hofstelle der Bauwerber befindet.

Die Baubehörde ließ sich nicht zu einer pauschale Zurückweisung der getätigten Einwendungen dieses Grundeigentümers hinreißen, welches aus der allgemeinen Lebenserfahrung begründet hätte werden können, sondern ersuchte einen Amtssachverständigen des Landes, die etwaigen Immissionsbelastungen durch Feinstaub zu erörtern und festzustellen, ob sich das Grundstück des Beschwerdeführers in einem solchen räumlichen Naheverhältnis zum Bauplatz befindet, dass vom geplanten Bauvorhaben Einwirkungen durch Geruch oder Feinstaub auf dieses Grundstück ausgehen könnten.

Die erfolgte Geruchs- und Ausbreitungsberechnung ergab, dass das projektierte Stallvorhaben durch die verbesserte Lüftung Reduktionen der Geruchsbelastung im Nahbereich bewirken würde, in mittleren Entfernungen ergeben sich geringfügige Erhöhungen und in sehr großen Entfernungen, also im Bereich des Grundstückes des Beschwerdeführers, ist mit keinen Veränderungen der Geruchsbelastung zu rechnen. Hinsichtlich Feinstaub bleibt das Grundstück des Beschwerdeführers durch das Stallprojekt völlig unbeeinflusst.

Die Thematik der MRSA-Keime wurde vom nicht amtlichen medizinischen Sachverständigen klargelegt, dass diese Art von Staphylokokken im Kot-Einstreu und der Innenluft des Stalles vorkommen und hauptsächlich durch Tierkontakt und rohe Lebensmittel übertragen werden. Über Einatmen und somit aus der Abluft besteht keine Ansteckungsgefahr.

Für die Baubehörde war aus den eingeholten Stellungnahmen damit schlüssig nachgewiesen, dass eine Betroffenheit des Beschwerdeführers nicht gegeben ist. Der Beschwerdeführer hat es auch im gesamten behördlichen Ermittlungsverfahren unterlassen, darzulegen, aus welchen Gründen trotz der Entfernung von ca 5 km zwischen dem Baugrundstück und dem Grundstück des Beschwerdeführers entgegen den nachvollziehbaren Gutachten der beigezogenen Sachverständigen eine Verletzung von Nachbarrechten des Beschwerdeführers durch Feinstaub, Geruch und MRSA-Keime möglich sein solle.

Den Bauwerbern wurde ein Baubewilligungsbescheid ausgestellt. Der Beschwerdeführer erhielt diesen Bescheid zur Kenntnisnahme zugestellt, wobei in der Zustellverfügung der Hinweis aufgenommen ist, dass mit der Zustellung dieses Bescheides keine Zuerkennung der Parteistellung verbunden ist. In der Begründung des Bewilligungsbescheides wurde darauf verwiesen, dass nur Nachbarn das Recht zustehe, gegen die Erteilung der Baubewilligung Einwendungen zu erheben, der Einwendungswerber aber mangels subjektiver Betroffenheit nicht als Nachbar zu qualifizieren ist und seine Einwendungen somit als unzulässig zurückgewiesen werden.

Die vom Beschwerdeführer dagegen erhobene Berufung wurde vom Gemeinderat mangels Parteistellung des Berufungswerbers als unzulässig zurückgewiesen.
Nach Beschwerdeerhebung an das Landesverwaltungsgericht prüfte dieses zunächst umfassend die Bestandsbauten, das projektierte Projekt und die vorliegenden

Gutachten. Der Richter kam zu dem Entschluss, dass es dem Verwaltungsgericht auf Grund der Vollständigkeit, Schlüssigkeit und Nachvollziehbarkeit der von der Gemeinde eingeholten Gutachten schon nach dem Grundsatz der Verfahrensökonomie iSd § 17 VwGVG iVm § 39 Abs 2 AVG verwehrt sei, ein weiteres Gutachten zum selben Beweisthema einzuholen. Der Beschwerdeführer ist den angeführten Gutachten auch nicht auf gleicher fachlicher Ebene entgegengetreten, sondern wurden bloß gegenteilige Behauptungen angestellt, anstatt das Gutachten eines anderen Sachverständigen vorzulegen.

Die Beschwerde wurde vom Landesverwaltungsgericht mangels Parteistellung zurückgewiesen. Ist eine Beeinträchtigung eines Grundeigentümers durch Immissionen auf dessen Grundflächen, gegen welche die Bestimmungen des Stmk BauG Schutz gewähren, gar nicht möglich, kommt ihm keine Parteistellung im Verwaltungsverfahren und damit keine Beschwerdelegitimation zu. Da der Beschwerdeführer durch das Bauvorhaben nicht in seinen Rechten gemäß § 26 Abs 1 Stmk BauG verletzt sein kann, ist er auch zur Erhebung einer Beschwerde gegen die Zurückweisung der Berufung nicht berechtigt. Ein allgemeines Recht auf Überprüfung behördlicher Entscheidungen ist der österreichischen Rechtsordnung fremd, so das Landesverwaltungsgericht in seinen Ausführungen.

3. Abstände

3.1. Abstände – rechtliche Bestimmungen

Zu den elementarsten Nachbarrechten gehört das Recht auf Einhaltung der Bestimmungen hinsichtlich der Abstände. § 26 Abs 1 Z 2 Stmk BauG verweist bezüglich der Nachbarrechte dabei auf den Abstandsparagraphen § 13 leg cit.

Prinzipiell hat der Gesetzgeber zwei Abstände vorgesehen, und zwar den Grenzabstand und den Gebäudeabstand. Der Grenzabstand ist der Abstand des Gebäudes zur

Nachbargrenze, und der Gebäudeabstand ist der Abstand eines Gebäudes zu einem anderen Gebäude, in der Regel zum Nachbargebäude. Grundsätzlich muss die geplante Errichtung eines Gebäudes sowohl den Anforderungen des Gebäudeabstandes als auch jenen des Grenzabstandes entsprechen.

Der Gebäudeabstand zwischen zwei Gebäuden nach § 13 Abs 1 Stmk BauG ergibt sich aus der Summe der Geschosse dieser Gebäude vermehrt um 4 in Metern. Der Gebäudeabstand ist nun nicht Gegenstand der weiteren Ausführungen, sondern wird auf den Grenzabstand näher eingegangen.

Beim Grenzabstand nach § 13 Abs 2 Stmk BauG errechnet sich der Abstand in Metern aus der Anzahl der Geschosse des Gebäudes vermehrt um zwei. Bei einem eingeschossigen Gebäude beträgt der Grenzabstand somit 3,0 m.

Diese Abstandsregelung bezieht sich einzig und allein auf eine Gebäudefront (Außenwand des Gebäudes), welches das Vorliegen eines Gebäudes gemäß § 4 Z 29 Stmk BauG als ein überdecktes, allseits oder überwiegend umschlossenes Bauwerk voraussetzt[263].

Welche Geschosse zu berücksichtigen und welche Geschosse nicht anzurechnen sind, sowie welche fiktive Geschoßeinteilung bei Gebäuden ohne Geschoßausführung vorzunehmen ist, ergibt sich aus den Bestimmungen des § 13 in den Absätzen 4, 5 und 6 Stmk BauG.

Es gibt auch Ausnahmen vom gesetzlich vorgesehenen Grenzabstand und betrifft dies gemäß

§ 13 Abs 8 Stmk BauG Nebengebäude oder wenn ein geringerer Abstand im Interesse des Ortsbildschutzes, der Altstadterhaltung, des Denkmalschutzes oder der Erhaltung

---

[263] *Eisenberger/Hödl*, Einführung [3], 48.

einer baukulturell bemerkenswerten Bausubstanz (Ensemble) zulässig ist. Bei Gebäuden gegenüber öffentlichen Verkehrsflächen gelten die baurechtlichen Abstandsbestimmungen nicht[264], für sie sind die straßenverkehrsrechtlichen Vorschriften hinsichtlich Abstände einzuhalten.

Unter bestimmten in § 13 Abs 12 Stmk BauG genannten Voraussetzungen, nämlich bei einer das ortsübliche Ausmaß übersteigenden Belästigung oder Gesundheitsgefährdung der Nachbarschaft durch die geplante bauliche Anlage oder zum Schutz des Ortsbildes, hat die Behörde auch größere Abstände vorzuschreiben.

Die Einhaltung der Abstandsbestimmungen, vor allem des Grenzabstandes ist baurechtlich von besonderer Wichtigkeit und bei der Bauausführung zu beachten, damit es trotz Baubewilligung nicht zu einem konsenswidrigen Bauen kommt. Die Rechtsprechung ist hierbei sehr restriktiv und einheitlich. Bereits die Verringerung des gesetzlich vorgesehenen Grenzabstandes um nur wenige Zentimeter führte und führt zur Feststellung eines konsenswidrigen Baues.

Begründet werden solche Entscheidungen damit, dass das Baubewilligungsverfahren ein Projektgenehmigungsverfahren ist und sich die Baubewilligung auf ein konkret eingereichtes Bauprojekt bezieht. Ein Bauprojekt ist zumindest ein durch seine Größe und Lage bestimmtes Vorhaben, sodass ein nicht bloß geringfügiges Abweichen oder Verschieben hiervon grundsätzlich eine neue Baubewilligung erfordert.[265]

§ 4 Z 4 Stmk BauG liefert die Definition, was noch als geringfügige Abweichung zu betrachten ist. Es sind dies Änderungen in der Bauausführung, wodurch weder öffentliche noch nachbarliche Interessen berührt werden und das Projekt in seinem Wesen nicht verändert wird.

[264] § 13 Abs 13 Stmk BauG.
[265] VwGH 8.4.2014, 2013/05/0195; 3.7.2001, 2001/05/0072; 24.2.2016, Ro 2015/05/0012 ua.

In dem Erkenntnis vom 3. Juli 2007, Zl 2006/05/0130, hat der VwGH ausgeführt, dass es bei der Qualifikation, ob ein anderes (neues) Bauvorhaben vorliegt, ausschließlich auf die Unterschiede bzw Identität zwischen dem ursprünglich bewilligten und dem beantragten Projekt ankommt. Diese Entscheidung zielt vor allem darauf ab, ob ein Bauvorhaben noch dasselbe ist, wenn es hinsichtlich seiner Lage um einige Meter verschoben wird, was vom VwGH verneint wurde.

Die Nichteinhaltung der Abstandsvorschriften ist jedenfalls als wesentliche Änderung anzusehen, weil durch die Unterschreitung des Grenzabstandes sehr wohl Interessen der Nachbarn berührt werden[266].

Für die Abstandsbestimmungen des Baugesetzes gibt es auch keine Toleranzwerte, wie diese nach den Bestimmungen der Vermessungsverordnung[267] enthalten sind, da sich eine solche Toleranz weder aus § 4 Z 4 noch aus § 13 Stmk BauG ergibt.

Hinzuweisen ist noch darauf, dass ein bewilligungswidriger Zustand sich auch nicht durch eine Benützungsbewilligung sanieren lässt und kann aus einer Benützungsbewilligung auch kein Recht auf die Belassung eines dem Baugesetz oder dem Baukonsens nicht entsprechenden Zustandes (zB zu geringer Grenzabstand) abgeleitet werden.[268]

Gebäude müssen nun nach der Bestimmung des § 13 Abs 2 Stmk BauG entweder unmittelbar an die Nachbargrenze gebaut werden oder aber den errechneten Grenzabstand einhalten. Welche Alternative vom Bauwerber zu wählen ist bzw gewählt wird, hängt grundsätzlich von der vorgeschriebenen bzw einzuhaltenden Bebauungsweise ab. § 4 Z 18 Stmk BauG unterscheidet dabei zwischen offener, gekuppelter und geschlossener Bebauungsweise und meint damit die Verteilung der

266 VwGH 25.11.2014, 2013/06/0089.
267 Gem § 6 Abs 2 VermV 2016 Abweichung bei Grenzpunkten von max 5 cm in der Lage.
268 VwGH 30.6.1994, 93/06/0029, 19.12.1995, 95/05/0302; 23.9.1999, 98/06/0196.

Baumassen auf dem Bauplatz in Bezug auf die Bauplatzgrenzen. Bei der offenen Bebauungsweise sind allseits freistehende bauliche Anlagen oder einseitig an die Grenze angebaute bauliche Anlagen vorhanden. Bei der gekuppelten Bebauungsweise wird an einer Grenze aneinandergebaut und bei der geschlossenen Bebauungsweise an mindestens zwei Grenzen aneinandergebaut.

Die Bebauungsweise wird entweder in einem Bebauungsplan gemäß § 41 Stmk ROG oder in einem Bebauungsgrundlagenbescheid gemäß § 18 Abs 1 Stmk BauG auf Antrag von der Behörde festgelegt. Solche Festlegungen per Bescheid betreffen zumindest die Baugebietskategorie nach dem Flächenwidmungsplan, die Bebauungsweise, die Bebauungsdichte und den Bebauungsgrad, die Straßenfluchtlinie und die zulässige Höhe der baulichen Anlage. Es können weiters die Bauflucht- und Baugrenzlinien und Vorgaben über die Firstrichtung und Dachform bestimmt werden. Die Festlegungen dieser Bebauungsgrundlagen sind gemäß § 18 Abs 6 Stmk BauG für das Bauverfahren – unabhängig von später abweichenden Regelungen in Flächenwidmungsplänen oder Bebauungsplänen – verbindlich und für eine Dauer von zwei Jahren gemäß Abs 4 leg cit gültig. Ein von der Baubehörde in Prüfung genommenes Bauvorhaben, hat den bescheidmäßigen Festlegungen dieser Bebauungsgrundlagen dann zu entsprechen.

Ist im Einzelfall keine Bebauungsweise festgelegt, so werden im Rahmen des Bau- bzw. Projektgenehmigungsverfahrens von der Behörde die Überlegungen anzustellen sein, welche Bebauungsweisen aus öffentlichen Rücksichten (zB Straßen-, Orts- und Landschaftsbild gemäß § 43 Abs 4 Stmk BauG) und im Interesse der benachbarten Grundstücke (Wahrung der Baufreiheit im gleichen Ausmaß) in Betracht kommen[269].

---

[269] VwGH 20.3.2003, 2001/06/0086; 28.10.1999, 98/06/0179; *Trippl/Schwarzbeck/Freiberger*, Steiermärkisches Baurecht[5], § 13 A 179 f, E 187.

3.2. Abstände Beispielfall

Eine Bauwerberin, die auf dem Baugrundstück bereits ein Wohnhaus mit freistehender Kleingarage nach erfolgter Baubewilligung errichtet hatte, beabsichtigte nun den Zubau eines Dachgeschosses in Form eines Satteldaches auf dieser Garage. Die Ausführung des Dachgeschosses sollte in der Form erfolgen, dass der Zubau bis an die Grundgrenze des Nachbarn geführt wird und dort mit einer Brandwand entlang der Grenze abschließen soll. Der Zubau würde an der Grundgrenze eine Länge von 12,00 m und eine Höhe der Brandwand von 5,50 m haben.

Bei der Bauverhandlung erhob der Nachbar Einwand, dass die geplante Bebauung den geforderten gesetzlichen Grenzabstand nicht entspricht und für eine Bebauung an der Grundgrenze keine Zustimmung erteilt wird. Von Seiten des Planers wurde darauf verwiesen, dass eine Bebauung nach § 13 Stmk BauG zulässig ist und Bebauungen an der Grundgrenze in diesem Gebiet durchaus üblich wären. Eine Abänderung des Projektes ist nicht vorgesehen.

Der Verhandlungsleiter informierte die Parteien, dass in Bezug zur gestalterischen Bedeutung des Bauwerks für das Straßen-, Orts- und Landschaftsbild gemäß § 43 Abs 4 Stmk BauG und im Hinblick auf die Ortsüblichkeit des Bauens an der Grundgrenze ein Gutachten in Auftrag gegeben wird. Ein solches Gutachten der beauftragten Raumplanerin attestierte nach Vorlage, dass eine erhebliche Anzahl an Objekten im Ort einen nur sehr geringen Abstand zur Nachbargrenze aufweisen. Eine nach der aktuellen Gesetzeslage gekuppelte Bebauung von Hauptgebäuden ist im Ortsgefüge nicht zu finden. Die derart geringen Gebäudeabstände kommen aber formal einer gekuppelten Bebauung nahe, weshalb die Anwendung einer gekuppelten Bebauungsweise gegenständlich durchaus denkbar ist.

Hierzu muss man wissen, dass es für den gesamten betreffenden Ort keine raumordnungsfachlichen Normen gibt, welche die Bebauungsweise regeln. Es besteht kein Bebauungsplan, keine Bebauungsrichtlinien und kein räumliches Leitbild gemäß Örtlichem Entwicklungskonzept, noch eine Verordnung gemäß § 5 Abs 2 Stmk BauG hinsichtlich der Mindest- oder Maximalgrößen für Bauplätze. Die Bebauungsweise ist somit im Rahmen des Baubewilligungsverfahrens mit festzulegen.

Eine gekuppelte Bebauungsweise[270] – an einer Grenze aneinandergebaute bauliche Anlagen – ist nach dem vorgelegten Gutachten der Raumplanerin vertretbar, dh die Bauwerberin könnte an die Grundgrenze bauen und der Nachbar hat die Möglichkeit durch ein späteres Bauvorhaben selbst daran anzubauen. Auch wenn die Raumplanerin festgestellt hätte, dass eine offene Bebauungsweise ortsüblich wäre, würde das nicht bedeuten, dass ein Bauen an der Grundgrenze für die Bauwerberin nicht möglich ist. Vielmehr dürfte dann der Nachbar bei einem späteren Bauvorhaben nicht mehr an der Grundgrenze anbauen. Er müsste den Gebäudeabstand einhalten, da bei einer offenen Bebauungsweise entweder allseits freistehend oder nur einseitig an die Grenze gebaut werden darf[271].

Der Nachbar war mit den Ausführungen der Raumplanerin nicht einverstanden und wiederholte schriftlich seine Einwendungen zur Einhaltung des gesetzlichen Grenzabstandes. Durch die Grenzbebauung werde er massiv in seiner Baufreiheit eingeschränkt. Aufgrund seines schmalen Grundstückes können er bei einer offenen Bebauung unter Einhaltung des Gebäudeabstandes nicht mehr bauen. Er sei vielmehr gezwungen, bei einem Bauvorhaben seinerseits gekuppelt an die Grundgrenze anbauen zu müssen.

Die Baubehörde bewilligte das Bauansuchen schließlich und wurde dagegen vom Nachbarn Berufung erhoben. In der Berufungsschrift wird die mangelnde Prüfung der Behörde bezüglich der beabsichtigten Bebauungsweise kritisiert. Diese Prüfung habe

[270] § 4 Z 18 b) Stmk BauG.
[271] § 4 Z 18 c) Stmk BauG.

sich neben den öffentlichen Rücksichten (Gebietscharakter) auch auf die Interessen der benachbarten Grundstücke zu beziehen. Insbesondere ist dabei zu beachten, ob es sich um ein bereits bebautes oder unbebautes Grundstück handelt, welche Nutzungsmöglichkeiten bestehen, welche Konfiguration das Grundstück aufweist, und wie es danach sinnvoll bebaut werden könnte, wobei vor dem Hintergrund dieser Gesichtspunkte insbesondere der verfassungsrechtliche Gleichheitsgrundsatz zu beachten ist. Demnach ist jedem der beiden Grundeigentümer die Baufreiheit in gleichem Umfang zu wahren[272].

Interessant ist hierbei nun, dass die Berufungsbehörde, der Gemeinderat als 2. Instanz, das Bauvorhaben sehr differenziert beurteilte und den Argumenten des Berufungswerbers teilweise folgen konnte. Infolge des für den Gemeinderat nicht nachvollziehbaren Gutachtens der Raumplanerin und mangels einer fehlenden Begutachtung der Interessen des benachbarten Grundstückes mit einer vor Ort durchzuführenden Prüfung der räumlichen Verhältnisse, entschied sich der Gemeinderat für eine Behebung des Baubewilligungsbescheides und zur Zurückverweisung der Angelegenheit an die Baubehörde 1. Instanz.

Die dagegen eingebrachte Beschwerde der Bauwerberin hatte beim Landesverwaltungsgericht Erfolg. Der angefochtene Bescheid wurde behoben, da das Landesverwaltungsgericht keinen zulässigen Grund für die Zurückverweisung des Gemeinderates an die 1. Bauinstanz gemäß
§ 66 Abs 2 AVG sah. Die Berufungsbehörde hat immer in der Sache selbst zu entscheiden – außer der Mangel ist nur durch Durchführung einer mündlichen Verhandlung behebbar – und die dafür notwendigen Ergänzungen des Ermittlungsverfahrens (zB Einholung von Gutachten) unter Heranziehung der Behörde 1. Instanz oder selbst vorzunehmen[273].

---

[272] Vgl VwGH 25.11.2008, 2007/06/0074.
[273] Vgl VwGH 27.9.2012, 2009/08/0055.

Der Gemeinderat beauftragte nun eine zweite Raumplanerin mit der Klärung der Fragen, ob das Bauvorhaben dem Straßen-, Orts- und Landschaftsbild entspricht, und ob das Bauvorhaben die Bebaubarkeit des Nachbargrundstückes in der Art beeinträchtigt, dass eine Wahlmöglichkeit zwischen offener und gekuppelter Bebauung für das Nachbargrundstück nicht mehr gegeben ist. Zur ersten Frage wurde festgestellt, dass das Bauvorhaben ortsüblich ist und daher dem Straßen-, Orts- und Landschaftsbild entspricht. Für die zweite Frage wurden verschiedene Varianten der Bebauung untersucht und kommt die Raumplanerin zu dem Schluss, dass die Wahlmöglichkeit zwischen offener und gekuppelter Bebauung für das Nachbargrundstück nicht mehr gleichwertig gegeben ist. Bedingt durch einen 10 m breiten von einer Bebauung freizuhaltenden Uferstreifen des vorbeiführenden Dorfgrabens kann bei einer offenen Bebauungsweise nur mehr eine eingeschossige Bebauung mit einem schmalen, wenn auch ortsüblichen Gebäude am Nachbargrundstück errichtet werden. Die Bebaubarkeit für den Nachbarn ist somit eingeschränkt.

Der im Gutachten angesprochene Schutzbereich von 10 m zum an den Grundstücken der Bauwerberin und des Nachbarn anrainenden Dorfgraben wurde von der Baubezirksleitung als Verwalterin des öffentlichen Wassergutes nach Rücksprache durch die Baubehörde nicht bestätigt. Es sei lediglich ein Abstand von mindestens 5 m für die erforderliche Gehölz- und Uferpflege einzuhalten.

Der Gemeinderat wies die Berufung des Nachbarn schließlich als unbegründet ab. Die notwendigen Abstandsbestimmungen des § 13 Stmk BauG sind durch das Bauvorhaben nicht verletzt worden. Der Zubau widerspricht auch nicht dem Straßen-, Orts- und Landschaftsbild und ist für eine allfällige Bebauung auf dem Nachbargrundstück die Wahlmöglichkeit des Grundeigentümers, zwischen einer gekuppelten oder offenen Bebauungsweise zu wählen, weiterhin und im selben Umfang wie für die Bauwerberin gegeben.

Die vom Nachbarn dazu erhobene Beschwerde wurde dem Landesverwaltungsgericht zur Entscheidung vorgelegt. Das Landesverwaltungsgericht wies die Beschwerde nach einer mündlich durchgeführten Beschwerdeverhandlung als unbegründet ab. Die Geltendmachung einer Grenzabstandsverletzung stellt nach § 26 Abs 1 Z 2 Stmk BauG eine zulässige Einwendung dar und kommt dem beschwerdeführenden Nachbarn demnach ein Mitspracherecht zu. § 13 Abs 2 leg cit gibt dem Bauwerber aber ein Wahlrecht, eine Gebäudefront entweder unmittelbar an der Nachbargrenze zu errichten oder aber – wenn er dies nicht tut - einen entsprechenden Grenzabstand einzuhalten. Diese Wahlmöglichkeit wird nach § 13 Abs 3 leg cit dann eingeschränkt, wenn an der betreffenden Nachbargrenze bereits ein Gebäude steht und allfällig vorliegende Bebauungspläne oder Bebauungsrichtlinien bzw bestehende öffentliche Interessen des Straßen-, Orts- und Landschaftsbildes diesbezüglich Einschränkungen vorsehen.

Im Beschwerdefall hat die Bauwerberin grundsätzlich die Wahlmöglichkeit, den projektierten Zubau entweder unmittelbar an der Nachbargrundgrenze zu errichten oder aber einen ausreichenden Grenzabstand einzuhalten. Durch die Errichtung des Zubaus an der Nachbargrenze liegt keine Verletzung des § 13 Abs 2 Stmk BauG vor. Dem Beschwerdeführer bleibt auch nach Realisierung des Bauvorhabens gemäß § 13 Abs 3 leg cit grundsätzlich das Wahlrecht, im Falle der Bebauung seines Grundstückes entweder an der Grundgrenze bzw dortigen Gebäudefront anzubauen, oder den erforderlichen Gebäudeabstand einzuhalten. Aus der Systematik dieser Bestimmungen ergibt sich, dass der Gesetzgeber grundsätzlich die Grenzbebauung vor Augen hatte, wenn in § 13 Abs 2 Stmk BauG formuliert ist, jede Gebäudefront, die nicht unmittelbar an einer Nachbargrenze errichtet wird, muss von dieser mindestens so viele Meter entfernt sein, wie die Anzahl der Geschoße vermehrt um 2 ergibt; dies bedeutet, dass der Grenzabstand nur in diesem Fall einzuhalten ist, wo die Gebäudefront nicht unmittelbar an der Nachbargrenze errichtet wird.

4. Heranrückende Wohnbebauung

Es geht dabei um das Problem, ob der Betreiber einer bestehenden gewerberechtlich oder land- und forstwirtschaftlich genehmigten Anlage im Bauverfahren gegen die Errichtung von Wohnhäusern in der Nachbarschaft mit der Begründung Einwendungen erheben kann, die künftigen Bewohner würden sich über die Auswirkungen des Betriebes beschweren. Dies könnte etwa zu einer nachträglichen Verpflichtung zur Errichtung zusätzlicher Schutzvorkehrungen für den Betrieb führen.[274]

4.1. Heranrückende Wohnbebauung – rechtliche Bestimmungen

Ausgehend von der Judikatur des VfGH[275], dass in einem Baubewilligungsverfahren für Wohnbauten Einwendungen (auch) vom Inhaber eines benachbarten Betriebes erhoben werden können, hat der steirische Landesgesetzgeber mit der Baugesetznovelle 2003[276] die gesetzliche Grundlage für die Einwendungsmöglichkeit von Betriebsinhabern bei heranrückender Wohnbebauung geschaffen. Über die Rechtsprechung des VfGH hinausgehend, die gewerbebehördlich genehmigte Betriebsanlagen behandelte, wurde mit der Novelle 2003 diese Möglichkeit auch dem Inhaber eines landwirtschaftlichen und forstwirtschaftlichen Betriebes zuerkannt. Im Jahr 2017 erfolgten im Zusammenhang mit der Erlassung des Seveso III Anpassungsgesetzes[277] auch diesbezügliche Ergänzungen im Baugesetz. § 26 Abs 4 Stmk BauG erwähnt nun mehr neben „gewerbliche Betriebsanlage" sowie „land- oder „forstwirtschaftliche Betriebsanlage" explizit auch den „Seveso Betrieb"[278]. Es wurden auch die Absätze 5 und 6 im Hinblick auf Seveso Betriebe und der Möglichkeit der Erhebung von gegenseitigen Einwendungen hinsichtlich des Risikos eines schweren

---

[274] *Jahnel*, Baurecht, in *Bachmann/Baumgartner*, Besonderes Verwaltungsrecht[11], 362.

[275] Vgl etwa VfGH 28.9.1990, VfSlg 12.468; 7.10.1992, VfSlg 13.210; 3.10.1997, VfSlg 14.943; 16.6.1998, VfSlg 15.188; 15.12.1999, VfSlg 15.691; 13.6.2000, VfSlg 15.792.

[276] LGBl 2003/78.

[277] Steiermärkisches Seveso-Betriebe Gesetz 2017 – StSBG 2017, LGBL 2017/61.

[278] Seveso-Betrieb ist laut Definition § 4 Z 55b Stmk BauG ein Betrieb, der in den Anwendungsbereich der Richtlinie 2012/18/EU zur Beherrschung der Gefahren schwerer Unfälle mit gefährlichen Stoffen fällt.

Unfalls solcher Betriebe eingefügt. Erweitert wurde weiters der Anwendungsbereich der „heranrückenden Wohnbebauung" neben Neu- und Zubauten auch auf Nutzungsänderungen, die dem Wohnen dienen und ist somit nicht mehr auf Neu- oder Zubauten von Wohnobjekten eingeschränkt.

Ob die Aufzählung der Anlagenarten in § 26 Abs 4 Stmk BauG taxativ und somit abschließend zu lesen ist oder nur beispielhaft und somit erweiterbar, ist der künftigen Rechtsprechung zu überlassen. Dass sich auch „sonstige Anlagen", welche nach anderen Genehmigungsregimen bewilligt sind (zB Regime des steiermärkischen Veranstaltungsgesetzes 2012[279]), unter den Tatbestand des § 26 Abs 4 Stmk BauG subsumieren lassen, lässt sich zumindest aus den Gesetzesmaterialien[280] und einer verfassungskonformen Interpretation im Sinne des Gleichheitssatzes und des Sachlichkeitsgebotes ableiten.[281]

In den überwiegenden Fällen wird jener Betrieb, der im Bauverfahren Einwendungen gegen die heranrückende Wohnbebauung erhebt, nicht beabsichtigen, diese Wohnbebauung generell zu verhindern, sondern danach trachten, seinen Bestand bestmöglich zu sichern. In der Praxis kommt es nämlich immer wieder vor, dass hinzugezogene Nachbarn einen bereits vorhandenen Betrieb wegen seiner Lärm-, Luftschadstoff- oder Geruchsemissionen als störend empfinden und sich bemühen, behördliche Einschränkungsmaßnahmen zu erwirken, die im Extremfall bis zur Betriebsstilllegung gehen können. Die Absicherung des Nachbarbetriebes im Baubewilligungsverfahren eines beabsichtigten Wohnbaues ist deshalb mehr als verständlich.[282]

---

[279] StVAG LGBl 2012/88.
[280] Vgl Erläut 175 Blg Stmk LT 14.GP (Einl-Zahl 31/55 und 55/15), zu 29 [...] „vergleichbaren Sachverhalt" [...].
[281] *Neger/Spiegl/Neger*, Heranrückende Wohnbebauung, bbl 2016, 139.
[282] *Neger/Spiegl/Neger*, Heranrückende Wohnbebauung, bbl 2016, 141.

Bei Erhebung von Einwendungen gegen die heranrückende Wohnbebauung durch den Betriebsinhaber hat dieser auch den Nachweis seiner rechtmäßig zugelassenen Emissionen zu erbringen. Einwender trifft somit eine besondere Mitwirkungspflicht. Ein einwendender Betriebsinhaber muss neben der Vorlage einer Betriebsbeschreibung angeben, auf welchem Grundstück und in welcher Lage genau sich seine Betriebsanlage befindet, und welche von ihm als problematisch angesehenen Emissionen von der Anlage ausgehen.

Im Baubewilligungsverfahren sind jedenfalls Einwendungen nach § 26 Abs 4 Stmk BauG zu prüfen, auch wenn sie noch so unkonkretisiert vorgebracht werden. Nach einer allenfalls notwendigen Aufforderung zur Vorlage der Belege, wodurch die behaupteten Emissionen nachgewiesen werden, hat die Prüfung der tatsächlichen und rechtmäßigen Immissionen unter Zuhilfenahme von Sachverständigen zu erfolgen.

Gemäß Judikatur des VwGH[283] stellt die Bestimmung des § 26 Abs 1 Z 1 iVm Abs 4 Stmk BauG auf bestimmte tatsächlich gegebene Immissionen ab und nicht auf in Genehmigungsbescheiden enthaltene Emissionsstandards. Diese tatsächlichen Emissionen sind weiters nur dann von Relevanz, wenn es sich um rechtmäßige Emissionen handelt.[284]

Die Überprüfung der Immissionswirkungen auf das Bauvorhaben – einerseits durch Feststellung des Ausmaßes der Immissionsbelastung und andererseits durch Klärung der Rechtmäßigkeit dieser Immissionsbelastung[285] - hat durch Sachverständige zu erfolgen und werden diese auch die erforderlichen Vermeidungs- oder Verminderungsvorschläge erstatten. Werden Schutzmaßnahmen vorgeschlagen, kann der Bauwerber diese entweder im Projekt vorsehen, oder dem Wohnbau-Bauwerber werden von der Baubehörde Auflagen dazu vorgeschrieben. Mitunter kann es auch

[283] VwGH 21.10.2009, 2008/06/0041.
[284] *Neger/Spiegl/Neger*, Heranrückende Wohnbebauung, bbl 2016, 138.
[285] VwGH 8.6.2011, 2011/06/0048.

notwendig sein, dass auf der Betriebsliegenschaft Maßnahmen gesetzt werden sollen, wobei in aller Regel auch in diesem Fall der Wohnbau-Bauwerber die Maßnahmen realisieren und bezahlen wird müssen.[286]

Von entscheidender Bedeutung ist in diesem Zusammenhang die Flächenwidmung des Baugrundstückes, und ob diese Widmung überhaupt einen Immissionsschutz gewährt. Bauland-Widmungskategorien nach § 30 Abs 1 Stmk ROG mit Immissionsschutz sind zB „Allgemeines Wohngebiet", „Reines Wohngebiet", „Gewerbegebiet" oder „Dorfgebiet" nicht jedoch „Freiland" oder „Industriegebiet II". Die Behörde wird somit prüfen, ob durch den Betrieb mit Immissionen zu rechnen ist, die auf die zu errichtenden Wohnbauten einwirken und dem Wohncharakter des Gebietes widersprechende Belästigungen der Bewohnerschaft verursachen. Bejahendenfalls wird die Vorschreibung von wirksamen Auflagen bei den beantragten Wohnbauten zu prüfen sein und könnte im äußersten Fall auch die Versagung der Baubewilligung die Folge sein. Womit sich jedoch das Dilemma eines Wohnbauverbotes in einer Wohnbauwidmung auftun könnte.[287]

Zur Vermeidung von Nutzungskonflikten bei der Neuausweisung von Wohnbauland ist ein umsichtiges Erforschen des zu bebauenden Umfeldes und ein genaues Studium des Flächenwidmungsplanes in Hinblick auf benachbarte Liegenschaften unumgänglich.

Um eine schwer verständliche Widersprüchlichkeit zwischen vorhandener Baulandwidmung und trotzdem auszusprechendem Bauverbot in der Nachbarschaft von land- und forstwirtschaftlichen Anlagen und im speziellen bei Tierhaltungsbetrieben vorzubeugen, wurde mit dem Stmk ROG 2010 in § 27 eine entsprechende Regelung eingeführt. So sind im Flächenwidmungsplan rund um

---

[286] *Neger/Spiegl/Neger*, Heranrückende Wohnbebauung, bbl 2016, 142.
[287] *Trippl/Schwarzbeck/Freiberger*, Steiermärkisches Baurecht[5], § 26 A 308.

Tierhaltungsbetriebe ab einer gewissen Größe[288] Geruchsschwellenabstand und Belästigungsbereich auszuweisen[289].

Die Berechnung der Abstände erfolgt unter Zugrundelegung des bewilligten Tierbestandes und weiterer betriebsspezifischer Faktoren, wobei hier nicht näher darauf eingegangen wird. Wesentlich sind jedoch die Rechtswirkungen, die sich daraus ergeben. So dürfen innerhalb des Geruchsschwellenabstandes bestimmte Baugebiete wie reines und allgemeines Wohngebiet oder Kerngebiet und Ferienwohngebiet ua nicht neu ausgewiesen werden[290] oder im Belästigungsbereich[291] Wohnnutzungen baurechtlich nicht bewilligt werden, wenn eine unzumutbare Belästigung festgestellt wurde[292].

Intention des Gesetzgebers war es, damit von vornherein Tierhaltungsbetriebe vor heranrückender Wohnbebauung zu schützen und deren Erweiterungsmöglichkeiten zu sichern, aber auch Bewohnern in betroffenen Gebieten vor unzumutbaren Geruchsbelästigungen durch Betriebsvergrößerungen oder aus neu errichteten Betrieben Schutz zu geben.[293]

Durch die Ersichtlichmachung von Geruchskreisen rund um Tierhaltungsbetriebe ab einer gewissen Größenordnung im Flächenwidmungsplan besteht nun eine gesetzliche Klarstellung, dass bei einer entsprechenden Überschreitung eine Bebauung oder eine bestimmte Nutzung nicht ohne weiteres möglich ist. Es ist nicht Abwägungssache der

[288] Betriebe ab der Geruchszahl G=20, die sich nach der „Vorläufigen Richtlinie zur Beurteilung von Immissionen aus der Nutztierhaltung in Stallungen" (VRL, Bundeministerium für Umwelt 1995) ermittelt bzw nach einem an deren Stelle tretendem Regelwerk.

[289] § 27 Abs 1 Stmk ROG.

[290] § 27 Abs 5 Z 2 Stmk ROG.

[291] „Der Belästigungsbereich erstreckt sich bis zum halben Geruchsschwellenabstand" lt Def § 27 Abs 1 letzter Satz Stmk ROG.

[292] § 27 Abs 5 Z 1 Stmk ROG.

[293] *Trippl/Schwarzbeck/Freiberger*, Steiermärkisches Baurecht[5], § 27 Stmk ROG EB 1123.

Baubehörde und besteht keine Wahlmöglichkeit oder ein Beurteilungsspielraum, sondern hat die Baubehörde die gesetzlichen Vorgaben dahin gehend zu erfüllen.[294]

Die Konsequenzen des § 27 Stmk ROG sind auch dann zu berücksichtigen, wenn noch keine Ausweisung der Geruchskreise erfolgt ist, aber die Vermutung besteht, ein Betrieb hätte eine größere Geruchszahl. Die Baubehörde ist dann verpflichtet, durch entsprechende Erhebungen zu prüfen, ob nicht dennoch eine Bebauung oder Nutzung ausgeschlossen ist.[295]

Auch bei Betrieben, die aufgrund ihrer Größenordnung unter der Grenze der verpflichtenden Ausweisung von Geruchskreisen im Flächenwidmungsplan bleiben, wird man im Zuge eines Bauverfahrens für eine im Umfeld der Betriebe stattfindende Wohnbebauung eine entsprechende Beurteilung anstellen müssen. Spätestens dann, wenn von Seiten des Betriebsinhabers die Einwendung der heranrückenden Wohnbebauung vorgebracht wird, ist eine gutachterliche Beurteilung der rechtmäßigen Emissionen des Betriebes und dessen sich ergebenden Geruchs- bzw. Belästigungsbereich unumgänglich.

Ganz gut verdeutlicht die Thematik der heranrückenden Wohnbebauung nachfolgender Fall.

4.2. Heranrückende Wohnbebauung Beispielfall 1

Auf einer Liegenschaft inmitten des Ortszentrums befand sich seit einigen Jahrzehnten ein Bauernhof mit Rinder- und Schweinehaltung. Die Tierhaltung wurde sukzessive über mehrere Jahre hinweg aufgegeben und fand nur mehr eine Bewirtschaftung des Betriebes im Nebenerwerb statt. Die Stallungen wurden teils belassen und teils zu Lagerräumen und Abstellflächen umgebaut, jedoch gab es zu diesen

[294] *Trippl/Schwarzbeck/Freiberger*, Steiermärkisches Baurecht[5], § 27 Stmk ROG A 1133.
[295] *Trippl/Schwarzbeck/Freiberger*, Steiermärkisches Baurecht[5], § 27 Stmk ROG A 1133.

Nutzungsänderungen nie ein Bauansuchen des Eigentümers. In unmittelbarer Nähe war auf dem Nachbargrundstück ein Karosseriebau- und Lackiererbetrieb vorhanden, der nach einer Betriebsumstrukturierung auf einen anderen Standort verlegt worden ist. Der Eigentümer des Gewerbebetriebes plante nun auf diesem ehemaligen Betriebsgrundstück die Errichtung von zwei mehrgeschossigen Mietwohnobjekten. Die betreffenden Grundstücke sind jeweils im Bauland der Kategorie Dorfgebiet ausgewiesen und ist der landwirtschaftliche Betrieb aufgrund der sich aus den Bauakten ergebenden höchstmöglichen Tierzahlen im Flächenwidmungsplan nur symbolisch erkenntlich gemacht. Die Ausweisung von Geruchsschwellenabstand und Belästigungsbereich kann nämlich wie erläutert gemäß § 27 Abs 2 Stmk ROG bei Tierhaltungsbetrieben unter G=20 unterbleiben.

Für die Baubehörde galt es nach Feststellung dieser Gegebenheiten zunächst zu prüfen, in welchem Umfang noch ein tierhaltender Betrieb vorliegt. Ausgehend von den baurechtlich bewilligten Stallungen und den zwischenzeitlich vorgenommenen Nutzungsänderungen, musste der Landwirt sich deklarieren, bei welchen Stallungen die Tierhaltung weiterhin geplant und aufrecht zu erhalten ist, und bei welchen Stallungen dies nicht mehr angestrebt wird. Diese anderswertigen Nutzungen konnten durch ein nachträgliches Bauansuchen einer Bewilligung zugeführt werden. Hinsichtlich des verbliebenen Stallbereiches wurde die zulässige Tieranzahl, in diesem Fall die höchst mögliche Anzahl von zu haltenden Mastschweinen, festgestellt und einer Geruchszahlberechnung nach VRL[296] zu Grunde gelegt. Bei der errechneten Geruchszahl G=0,89 ergab sich ein Geruchsschwellenabstand von ca 24 m und ein Belästigungsbereich von ca 12 m. Aus dem immissionstechnischen Gutachten konnte abgeleitet werden, dass die geplanten Wohnhäuser jedenfalls so situiert werden müssen, dass sie außerhalb des Belästigungskreises der bewilligten Stallungen errichtet werden, andernfalls ein medizinisches Gutachten erforderlich ist und

[296] Vorläufige Richtlinie zur Beurteilung von Immissionen aus der Nutztierhaltung in Stallungen.

Nutzungskonflikte bei Wiederbelegung der derzeit leerstehenden Stallungen nicht ausgeschlossen werden können.

Aus der Darstellung der Emissionsrechte des landwirtschaftlichen Betriebes mit dem zur Bewilligung eingereichten Wohnprojekt zeigte sich, dass ein Wohngebäude geringfügig in den Belästigungskreis hineinragt und somit eine geringfügige Verschiebung der Wohnhäuser vorgeschlagen wurde. Aufgrund der Grundstücksgröße, der dichten Bauanordnung am Grundstück und der gebotenen Einhaltung der Grenz- und Gebäudeabstände war jedoch eine Verschiebung der Wohnobjekte faktisch nicht möglich. Der Bauwerber hätte sein Bauvorhaben in der Form abändern müssen, dass das vom Belästigungskreis betroffene Wohngebäude so weit redimensioniert wird, dass es nicht mehr in diesen Belästigungskreis ragt.

Die Baubehörde beauftragte jedoch die humanmedizinische Beurteilung durch den örtlichen Distriktarzt und stellte dieser fest, dass von einer unzumutbaren Belästigung oder Gesundheitsbeeinträchtigung für die geplante Wohnanlage durch die geringe mögliche Tierhaltung am benachbarten landwirtschaftlich genutzten Grundstück nicht auszugehen ist.

Vom Nachbarn der landwirtschaftlichen Betriebsanlage wurde schließlich im Rahmen der Bauverhandlung kein Einwand im Sinne der heranrückenden Wohnbebauung vorgebracht. Durch die vorausschauende Gutachteneinholung und Sachverständigen-Beurteilung konnte die Baubehörde für Bauwerber und Nachbar Klarheit schaffen und das Wohnprojekt unter Aufrechterhaltung der Nutzungsmöglichkeiten des Nachbarn genehmigen.

Wie entscheidend eine bestimmt Bauland-Widmungskategorie im Zusammenhang mit der heranrückenden Wohnbebauung sein kann, soll dieser Fall verdeutlichen.

4.3. Heranrückende Wohnbebauung Beispielfall 2

Der Firmensitz einer Steiermark weit tätigen Organisation besteht aus einem Bürogebäude und Lagerräumen für Handelsgüter für ihre Mitglieder. Die Gesellschaft unterhält einige Lastkraftfahrzeuge, mit denen einem Teil des Firmenzweckes nachgekommen wird. Ein ständiges Zu- und Abfahren dieser Lastkraftwagen und der Büromitarbeiter zu den Betriebszeiten ist gegeben. Das Betriebsgrundstück ist als Gewerbegebiet im Flächenwidmungsplan ausgewiesen. Daran anschließend, nur durch eine öffentliche Straße getrennt, befindet sich ein Wohnhaus im allgemeinen Wohngebiet. Diese Baulandwidmung wurde vor einiger Zeit auf zwei weitere Baulandgrundstücke erweitert und beabsichtigten nun die Eigentümer auf einem dieser Grundstücke ein Einfamilienwohnhaus zu errichten.

Bei der dazu stattgefundenen Bauverhandlung wurde vom Geschäftsführer des geschilderten Gewerbebetriebes die heranrückende Wohnbebauung eingewendet. Argumentiert wurde, dass der Betrieb mit seiner Betriebsanlage gewerbebehördlich genehmigt worden ist und von dieser Betriebsanlage zulässige und ortsübliche Emissionen ausgehen. Durch seine betrieblichen Tätigkeiten ergeben sich Emissionen, die sich auf das geplante Bauvorhaben auswirken können. Dies betrifft insbesondere Lärm- und Luftschadstoffimmissionen. Eine Baubewilligung könne die Behörde nur dann erteilen, wenn es zu keiner Restriktion des genehmigten Betriebes kommt, oder erforderlichenfalls sind im Baubescheid dahingehend immissionsmindernde Auflagen vorzuschreiben. Die Einwendungen werden vor allem deshalb erhoben, um die Rechte des Betriebes zu wahren und nicht nachträglichen behördlichen Sanktionen hinsichtlich des langjährig bestehenden Betriebes ausgesetzt zu werden.

Aus der Sicht des Betriebes eine durchaus nachvollziehbare Argumentation, dass auf bereits bestehende und behördlich bewilligte Betriebsemissionen verwiesen wird, und die Bauwerber von der Baubehörde dazu angehalten werden sollen, bei ermittelten

Belästigungen an der Grundstücksgrenze des zu bebauenden Grundstückes den Bauwerbern Schutzmaßnahmen gegen diese Emissionen vorzuschreiben.

Die Bauwerber waren über diese Einwendungen des Betriebes etwas irritiert, kannten sie doch das Umfeld ihres Bauplatzes bereits seit einiger Zeit und waren auch in Kenntnis des Betriebsgeschehens und des dortigen Verkehrs- und Fahrzeugaufkommens. Die Auswahl des Bauplatzes und die Entscheidung zur Errichtung eines Wohnhauses erfolgten im Wissen dessen, dass ein benachbarter Gewerbebetrieb vorhanden ist und von diesem Emissionen ausgehen. Die vorgeschlagene Vorschreibung von Schutzmaßnahmen bei ihrem Bauvorhaben gegenüber dem Betrieb wäre auf großes Unverständnis gestoßen.

Dieser Interessenskonflikt konnte von der Baubehörde durch Darlegung der rechtlichen Bestimmungen aus dem Raumordnungsgesetz gelöst werden. Die Flächenwidmung „Gewerbegebiet" gemäß § 30 Abs 1 Zi 4 Stmk ROG ist nach der gesetzlichen Definition für jene Betriebe und Anlagen aller Art zulässig, deren Nutzungen keine das ortsübliche Ausmaß übersteigende Belästigungen in benachbarten Baugebieten verursachen dürfen. Zum Zeitpunkt der gewerberechtlichen Genehmigung des Betriebes waren die benachbarten Grundstücke bereits als Bauland der Kategorie „Dorfgebiet" und „Allgemeines Wohngebiet" ausgewiesen. Aufgrund dessen sind dem Betrieb auch nur jene Emissionen möglich, die zu keinen die Ortsüblichkeit übersteigenden Belästigungen bzw Immissionen in diesen Baugebieten führen.

Die Bezirksverwaltungsbehörde ist im seinerzeitigen bau- und gewerbebehördlichen Verfahren auf Grundlage der vorgelegten Betriebsbeschreibung von der Zulässigkeit und somit von der Ortsüblichkeit der durch den Betrieb verursachten Emissionen ausgegangen. Verursacht nun der Betrieb nur diese zulässigen und genehmigten Emissionen, so können sich durch die geplante Wohnbebauung mit einem

Einfamilienwohnhaus der Bauwerber im als „Allgemeines Wohngebiet“ ausgewiesenen Bereich keine Einschränkungen hinsichtlich dieser Emissionen für den Betrieb ergeben. Darüber hinaus gehende Emissionen, die im benachbarten Bauland nicht mit dem, laut Widmung gewährleisteten Immissionsschutz vereinbar sind, wären ja bereits bei der Genehmigung als unzulässig zu beurteilen gewesen. Es kann also davon ausgegangen werden, dass durch die Wohnbebauung mit keinen weitergehenden Auflagen der Gewerbebehörde oder damit verbundenen Einschränkungen zu rechnen ist, da der Schutz der Nachbarschaft in benachbarten Baugebieten ja bereits vom Ursprung her gewahrt sein muss.

Diese Argumentation wurde in der Bescheid Begründung den Einwendungen des Betriebes entgegengehalten und somit der Einwand von der Baubehörde abgewiesen. Der Gewerbebetrieb, dem es in erster Linie um das Aufzeigen seines Betriebsstandortes und möglicher Belästigungen von Wohnbauten durch deren Betrieb gegangen war, konnte der Argumentation der Baubehörde folgen und erhob keine Berufung.

5. Landwirtschaftliche Betriebsanlagen

In den letzten 15 Jahren ist das Verfahren zur Bewilligung landwirtschaftlicher Betriebsanlagen – gemeint sind hierbei in erster Linie Stallungen für Nutztiere – zunehmend aufwendiger und schwieriger geworden. Begünstigt durch mediale Berichterstattungen über strittige landwirtschaftliche Bauprojekte hat sich eine hochgradige Sensibilisierung in der Bevölkerung dazu breit gemacht. Ein Bauansuchen mit Hinweis auf „Stallgebäude“ stößt auf vielfältiges Interesse – nicht nur der legitimen Nachbarn, sondern auch von weiteren Personen, Medien, Tier- und Umweltschutzorganisationen. Objektive Beurteilungen des Bauvorhabens werden sehr bald von Emotionen und anderswertigen Interessen (Austragung von schwellenden Nachbarschaftskonflikten, Neid, Pseudo-Tierschutz, Sozial-Romantik, ua) überlagert.

Die Baubehörde ist gefordert, hierbei strikt zwischen den mit dem Bauvorhaben zusammenhängenden notwendigen Beurteilungen und der Behandlung sonstiger mitunter nachvollziehbarer, aber unzulässiger Vorbringen zu unterscheiden.

Nutztierhaltende Betriebe sind aufgrund des globalen Preisdrucks angehalten, in leistungsfähigen Einheiten zu produzieren. Dies geht üblicherweise einher mit der Haltung einer größeren Tieranzahl, wodurch jedoch die Frage in den Vordergrund rückt, wie weit der einzelne Betrieb seine Umwelt mehr belastet als zuvor. Die oft sehr hohen Umweltansprüche sind mitunter mit großem finanziellen Aufwand zu erkaufen.

5.1. Landwirtschaftliche Betriebsanlagen – rechtliche Bestimmungen

Im Stmk BauG findet sich keine Begriffsdefinition zur Bestimmung der landwirtschaftlichen Betriebsanlage noch zur landwirtschaftlichen Tätigkeit. Anders verhält es sich demgegenüber mit dem Stmk ROG. Dieses enthält einerseits eine Begriffsdefinition des Tierhaltungsbetriebes, den es als einen Betrieb mit baulichen Anlagen zur Haltung von Nutztieren definiert (§ 2 Abs 1 Z 32) und bestimmt andererseits die landwirtschaftliche Nutzung als eine solche planvolle, grundsätzlich auf die Erzielung von Einnahmen gerichtete nachhaltige Tätigkeit, die zumindest die Annahme eines nebenberuflichen, der landwirtschaftlichen Urproduktion dienenden Betriebs rechtfertigt (§ 2 Abs 1 Z 22).[297]

Die grundsätzlichen Bestimmungen des Stmk BauG zu landwirtschaftlichen Betriebsanlagen finden sich im dortigen § 95. Nach dessen Abs 1 sind landwirtschaftliche Betriebsanlagen so zu planen und auszuführen, dass das Leben oder die Gesundheit der Nachbarn nicht gefährdet (Z 1), Nachbarn oder öffentliche Einrichtungen wie Schulen, Krankenanstalten ua durch Lärm, Rauch, Staub, Erschütterung, Gestank oder Lästlinge nicht unzumutbar oder das ortsübliche Ausmaß

[297] *Ferz*, Tierhaltungsbetriebe in der Steiermark, bbl 2010, 212.

übersteigend belästigt (Z 2) und keine nachteiligen Einwirkungen auf die Beschaffenheit der Böden sowie der Gewässer herbeigeführt werden (Z 3).

Die Bestimmung des § 95 Stmk BauG stellt mangels Aufzählung im Katalog des § 26 Abs 1 leg cit aber kein unmittelbares Nachbarrecht dar und kann nur in Zusammenhang mit § 13 Abs 12 leg cit – Vorschreibung größerer Abstände – als Nachbarrecht gesehen werden. Größere Abstände sind gemäß § 13 Abs 12 leg cit vorzuschreiben, wenn der Verwendungszweck von baulichen Anlagen eine unzumutbare oder das ortsübliche Ausmaß übersteigende Belästigung oder Gesundheitsgefährdung der Nachbarschaft erwarten lässt. Damit kommt Nachbarn ein gewisser Immissionsschutz zu, der unabhängig von der Flächenwidmung gegeben ist.

Im Jahr 2002 hat die damalige Fachabteilung 13A des Amtes der Stmk LR einen Erlass[298] herausgegeben, der die wesentlichen Verfahrensschritte zur Beurteilung von Stallbauten festlegte. So ist im Zusammenhang mit Tierhaltungen neben dem bautechnischen Gutachten regelmäßig die Erstellung von Gutachten für Lärm und Geruch und deren abschließende Beurteilung durch einen Humanmediziner gefordert. Dies im Interesse eines gedeihlichen Zusammenlebens in der Gemeinde und zur Vermeidung allfälliger Haftungsansprüche gegen die Baubehörden, wie die Fachabteilung in ihrem damaligen Schreiben festhielt. Dieser Erlass, der mittlerweile bereits außer Kraft ist, stellt aber heutzutage zumindest eine Art Basisanleitung für die Baubehörden dar.

Darüber hinaus sind Baubehörden gut beraten, wenn sie bei geplanter Ausweitung eines Tierbestandes eine Anfrage an die Umweltverträglichkeitsprüfungs(UVP)-Behörde des Landes richten und um Abklärung ersuchen, ob bei solcherart eingereichten Stallbauten eine Umweltverträglichkeit besteht und das Bauvorhaben einem UVP-Genehmigungsverfahren zu unterziehen ist.

[298] Erlass Fachabteilung 13A Amt der Stmk LR vom 15.11.2002, GZ: FA13A-12.00 68-02/8.

Spätestens dann, wenn von Nachbarn der mittlerweile „populäre" Einwand der UVP-Pflicht für ein Stallbauvorhaben vorgebracht wird, hat die Baubehörde ihre Zuständigkeit dahin gehend zu überprüfen. Der Einwand der UVP-Pflicht ist dem Grunde nach nichts anderes als die Einwendung, die Baubehörde sei unzuständig und damit wird das Recht auf ein Verfahren vor dem gesetzlichen Richter gemäß Art 83 Abs 2 B-VG verletzt. Als ein explizit normiertes Nachbarrecht im Bauverfahren ist der Einwand jedenfalls nicht zu qualifizieren.[299]

Nach UVP-G[300] dürfen vor Abschluss der UVP oder der Einzelfallprüfung Genehmigungen nicht erteilt werden[301]. Entgegen dieser Bestimmung erteilte Genehmigungen können von der zuständigen Behörde innerhalb einer Frist von drei Jahren als nichtig erklärt werden. Demnach ist eine rechtskräftige Baubewilligung für nichtig zu erklären, wenn sich in einem späteren Verfahren herausstellen sollte, dass das Bauvorhaben UVP-pflichtig ist.[302]

Die absolute Grenze, ab der ein UVP-Verfahren durchzuführen ist, lässt sich noch relativ einfach aus dem Gesetz bzw Anhang zum Gesetz ablesen. Gemäß § 3 Abs 1 UVP-G sind ua Vorhaben, die in Anhang 1 angeführt sind, nach Maßgabe der nachfolgenden Bestimmungen dieses Gesetzes einer Umweltverträglichkeitsprüfung zu unterziehen. Für Vorhaben, die in Spalte 2 und 3 des Anhanges 1 angeführt sind, ist das vereinfachte Verfahren durchzuführen.

Gemäß Anhang 1 Z 43 fallen in die Spalte 2 Anlagen zum Halten und zur Aufzucht von Tieren ab einer Größe von zB 700 Sauenplätzen. Gemäß Anhang 1 Z 43 in Spalte 3 fallen ua Anlagen zum Halten und zur Aufzucht von Tieren in schutzwürdigen Gebieten der Kategorie C oder E ab einer Größe von zB 450 Sauenplätzen. Die

---

299 *Lampert*, Der Einwand der UVP-Pflicht im Bauverfahren, RFG 2018/28 149 f.
300 Umweltverträglichkeitsprüfungsgesetz 2000 UVP-G 2000, BGBl 1993/697 idF BGBl I 2018/80.
301 § 3 Abs 6 UVP-G.
302 *Lampert*, Der Einwand der UVP-Pflicht im Bauverfahren, RFG 2018/28 151.

Erläuterung der Kategorie der Schutzgebiete finden sich dann im Anhang 2. Bei dem Schutzgebiet C handelt es sich um Wasserschutz- und Schongebiete, und von einem Schutzgebiet der Kategorie E spricht man bei einem Siedlungsgebiet und dem Nahebereich eines Siedlungsgebietes im Umkreis von 300 m, in dem Grundstücke als Bauland für Wohnbauten oder Gebiete für Kinderbetreuungseinrichtungen, Schulen, Krankenhäuser, Seniorenheime, Kirchen udgl festgelegt oder ausgewiesen sind.

Aufwendiger und mit zusätzlichem Erhebungsaufwand verbunden ist die Ermittlung einer kumulativen Wirkung von bereits bestehenden Tierhaltungsbetrieben im Umfeld des geplanten Stallbauvorhabens. Der Umkreis, der hierbei gezogen wird, erstreckt sich zwischen 1.000 bis 2.000 m je nach Vorgabe der UVP-Behörde. Da die Baubehörden üblicherweise über Genehmigungsakte der betroffenen Tierhaltungsbetriebe verfügen, werden sie bei der Erhebung der zur Berechnung notwendigen Daten von der UVP-Behörde im Rahmen der Amtshilfe beigezogen.

Eine Einzelfallprüfung ist jedenfalls nach § 3 Abs 2 UVP-G nicht durchzuführen, wenn das geplante Vorhaben eine Kapazität von weniger als 25 % des Schwellenwertes des Anhang 1 aufweist.

Die UVP-Behörde teilt ihre Entscheidung entweder formlos mit, wenn eine Geringfügigkeitsgrenze nicht überschritten wird, ansonsten üblicherweise mittels eines (negativen) UVP-Feststellungsbescheid, dass eine Pflicht zur Umweltverträglichkeitsprüfung nicht besteht. Gegen einen ausschließlich negativen UVP-Bescheid haben seit der UVP-Novelle 2016[303] Umweltorganisationen und Nachbarn das Recht, Beschwerde an das Bundesverwaltungsgericht zu erheben[304].

---

303 BGBl I 2016/4

304 § 24 Abs 5a UVP-G

Erst nach dieser Vorfragenabklärung und Feststellung der UVP-Behörde, dass eine UVP-Pflicht nicht besteht, kann das Bauverfahren begonnen bzw, wenn ein Bauverfahren bereits eröffnet wurde, weitergeführt werden.

Eine von der Baubehörde jedenfalls stets zu prüfende Bestimmung ist die Prüfung hinsichtlich der Widmungskonformität des Baugrundstückes. Es geht dabei darum, ob ein Bauvorhaben der im Flächenwidmungsplan festgelegten Widmungsart des Baugrundstückes entspricht. Zulässige Widmungskategorien für landwirtschaftliche Betriebsanlagen nach dem Stmk ROG sind die Baulandkategorie „Dorfgebiete" und die Widmung „Freiland" sowie die Ausweisung „Sondernutzung Tierhaltung".

Nach der Definition des Baulandes „Dorfgebiete" gemäß § 30 Abs 1 Z 7 Stmk ROG sind damit Flächen ausgewiesen, die für Bauten land- und forstwirtschaftlicher Nutzung in verdichteter Anordnung bestimmt sind, wobei auch Wohnbauten und sonstige Nutzungen zulässig sind, die den wirtschaftlichen, sozialen, religiösen und kulturellen Bedürfnissen der Bewohner von Dorfgebieten dienen, soweit sie keine diesem Gebietscharakter widersprechenden Belästigungen der Bewohnerschaft verursachen.

Bauen in der Widmungskategorie „Freiland" gemäß § 33 Stmk ROG ist nur sehr eingeschränkt möglich und bestehen nach Absatz 4 leg cit Ausnahmen im Rahmen der Land- und Forstwirtschaft. Demnach können Umbauten vorgenommen werden und Neu- und Zubauten sowie Änderungen des Verwendungszweckes, die für einen land- und/oder forstwirtschaftlichen Betrieb erforderlich sind. Es gilt also hierbei zu klären, ob es sich überhaupt um einen landwirtschaftlichen Betrieb handelt und die geplante Bautätigkeit für den Betrieb erforderlich ist[305]. Voraussetzung für die Erlassung einer baurechtlichen Bewilligung im Freiland ist somit die Einholung von Gutachten

[305] § 33 Abs 7 Z 3 u 4 Stmk ROG 2010.

hinsichtlich des Vorliegens eines land- und/oder forstwirtschaftlichen Betriebes und der Erforderlichkeit des geplanten Bauvorhabens für den Betrieb[306].

Eine Ausweisung als „Sondernutzung" im Freiland nach § 33 Abs 3 Z 1 Stmk ROG ist für Tierhaltungsbetriebe gemäß § 27 Abs 6 leg cit ab einer Tieranzahl von zB 700 Sauen oder 2.500 Mastschweinen notwendig. Bauvorhaben, welche diese Tierzahlen erreichen oder überschreiten, können im Freiland nur durch eine solche Sondernutzungsausweisung bei Vorliegen der weiteren baurechtlichen Voraussetzungen bewilligt werden.

Ein Nachbar hat grundsätzlich kein subjektives öffentliches Recht auf Einhaltung der einzelnen Widmungskategorien des Flächenwidmungsplanes, er hat aber ein Recht auf Übereinstimmung des Bauvorhabens mit dem Flächenwidmungsplan, soweit damit ein Immissionsschutz verbunden ist[307]. Selbst dort, wo die Widmungskategorie dem Nachbarn keinen Immissionsschutz gewährt, zB bei Freilandwidmung, hat die Baubehörde von Amts wegen zu überprüfen, ob das jeweilige Bauvorhaben nach der Widmungskategorie des Flächenwidmungsplanes überhaupt zulässig ist und an der Grundgrenze schädliche Umwelteinwirkungen entfaltet werden[308].[309]

Nach § 95 Abs 2 Stmk BauG ist eine landwirtschaftliche Betriebsanlage immer dann zu genehmigen, wenn nach dem Stand der Technik und dem Stand der medizinischen und der sonst in Betracht kommenden Wissenschaften zu erwarten ist, dass die voraussehbaren Gefährdungen der Schutzgüter vermieden werden und Belästigungen, Beeinträchtigungen oder nachteilige Einwirkungen derselben ein zumutbares Maß nicht übersteigen.

---

[306] § 33 Abs 7 Stmk ROG.
[307] § 26 Abs 1 Z 1 Stmk BauG; vgl VwGH 23.11.2009, 2008/05/0080.
[308] VwGH 10.9.2008, 2007/05/0302.
[309] *Pallitsch*, Der baurechtliche Immissionsschutz in der Judikatur des Verwaltungsgerichtshofes, Bautagung Raumberg-Gumpenstein 2011, 36.

Die konkret voraussehbaren und daher nicht bloß abstrakten Gefährdungen von Leben und Gesundheit müssen also unbedingt vermieden werden. Hierbei hat keine Interessen- oder Zumutbarkeitsabwägung zu erfolgen und auch der Beurteilungsmaßstab des § 95 Abs 3 Stmk BauG bleibt außer Betracht[310]. Es stellt dies ein absolutes Verbot dar und führt eine festgestellte Gefährdung daher jedenfalls zur Abweisung des Baubewilligungsansuchens[311].

Anderes wird vom Gesetz im Hinblick auf Belästigungen verlangt. Dies müssen nämlich nicht gänzlich vermieden werden, sondern sind auf ein zumutbares Maß zu beschränken. Belästigungen sind von Nachbarn grundsätzlich hinzunehmen, jedoch nur insoweit, als solche nicht ortsüblich und/oder nicht unzumutbar sind. Die Maßstäbe für diese Beurteilung enthält § 95 Abs 3 Stmk BauG. Demnach hat die Behörde die Zumutbarkeit einer Belästigung danach zu beurteilen, wie sich die durch die Betriebsanlage verursachten Änderungen der tatsächlichen örtlichen Verhältnisse auf einen gesunden, normal empfindenden Menschen auswirken.[312]

Für die Beurteilung der Zumutbarkeit ist zunächst die Ermittlung des zum Zeitpunkt der Durchführung des Bauverfahrens bereits bestehenden Istzustandes (= Istmaß) notwendig. Technische Sachverständige haben den tatsächlichen Immissionsstand zu erheben und zwar unter Zugrundelegung jener Situation, in der die Immissionen für die Nachbarn am ungünstigsten sind[313].

Im nächsten Schritt ist von diesen das Prognosemaß zu ermitteln, welches die bei den Nachbarn zu erwartenden, von der zu genehmigenden Anlage ausgehenden bzw ihr zuzurechnenden zusätzlichen Immissionen abbildet[314].

---

[310] *Ferz*, Tierhaltungsbetriebe in der Steiermark, bbl 2010, 218.
[311] VwGH 13.4.2010, 2008/05/0160.
[312] *Ferz*, Tierhaltungsbetriebe in der Steiermark, bbl 2010, 219.
[313] VwGH 28.3.2007, 2006/04/0228.
[314] VwGH 29.6.2005, 2004/04/0048.

Für die Beurteilung der Zumutbarkeit bedarf es noch der Festlegung der Grenze der zumutbaren Belastung, die nicht überschritten werden darf. Es handelt sich dabei um das Beurteilungsmaß, das Ausmaß an Gesamtimmissionsbelastung (Summenmaß aus Istmaß und Prognosemaß) also, welches ein medizinischer Sachverständiger auf Grundlage fachlicher Kriterien vorgibt[315]. Es wird ein Maß des Zulässigen dahingehend bestimmt, inwieweit die Gesamtimmissionsbelastung das Wohlbefinden von Menschen in einem örtlich zumutbaren Maß (gerade) noch nicht stört bzw keine pathologischen Auswirkungen auf den Menschen zeitigt.[316]

Zu beachten ist in diesem Zusammenhang natürlich auch das Widmungsmaß, jenes Maß, welches in Verbindung mit dem Raumordnungsgesetz mit der konkreten Widmung des Baugrundstückes intendiert ist und welches als absolute Grenze der Immissionsbelastung nicht überschritten werden darf[317]. Das Widmungsmaß des Bauplatzes spiegelt grundsätzlich das übliche Ausmaß der Immissionen in einer bestimmten Widmungskategorie wider[318]. Nur wenn dieses nicht überschritten wird, ist relatives Maß des Zulässigen das Beurteilungsmaß des medizinischen Sachverständigen.

Hauptaugenmerk bei der Bewilligung von Stallungen kommt der Emission von Gerüchen aus der Tierhaltung zu. Geruch kann bislang mit technischen Mitteln, ohne Zuhilfenahme der menschlichen Nase, nicht verlässlich gemessen und in der hedonischen Wirkung bewertet werden. Es wurde festgestellt, dass die subjektive Empfindlichkeit eines Menschen den stärksten Einfluss auf eine mögliche Geruchsbelästigung darstellt. Personen, die sich selbst als wenig empfindlich einschätzen, werden auch bei vergleichsweise hoher Geruchsbelastung kaum belästigt. Damit ist eine scharfe Trennung zwischen belästigten und nicht belästigten

---

[315] VwGH 26.6.1997, 96/06/0285; *Pallitsch*, Der baurechtliche Immissionsschutz, Bautagung Raumberg-Gumpenstein 2011, 39.
[316] *Ferz*, Tierhaltungsbetriebe in der Steiermark, bbl 2010, 222.
[317] VwGH 21.10.2004, 2002/06/0029.
[318] *Pallitsch*, Der baurechtliche Immissionsschutz, Bautagung Raumberg-Gumpenstein 2011, 36.

Bewohnern, egal welches Beurteilungsmaß angewendet wird, nicht möglich. Es wird also immer einen bestimmten Prozentsatz an Personen geben, die sich auch unterhalb eines gewählten Beurteilungsmaßes belästigt fühlen.[319]

Bei der Beurteilung eines landwirtschaftlichen Betriebes kann nicht nur die Belegdichte allein als Maßstab für Geruchsemissionen herangezogen werden. Art und Ausmaß von Immissionen in der Umgebung des Betriebes sind auch abhängig von der Klimagestaltung im Stall bzw. Entlüftung (Lüftungstechnik), Entmistungssystem (Lagerung), Fütterungsmethoden, Situierung und Grundriss der Gebäude und den meteorologischen Bedingungen. Unter Beachtung aller dieser Größen ist es nach dem heutigen Stand der Wissenschaft und Technik möglich, landwirtschaftliche Anlagen hinsichtlich ihrer tatsächlichen bzw möglichen Beeinträchtigung der Nachbarschaft zu beurteilen.

In den vergangenen Jahren erfolgte die Beurteilung der Geruchsbelastung in der Umgebung von Tierhaltungsbetrieben in der Steiermark mit der Vorläufigen Richtlinie zur Beurteilung von Immissionen aus der Nutztierhaltung in Stallungen (VRL)[320]. Die VRL hatte sich in der Praxis von Genehmigungsverfahren als auch für Fragen der Raumordnung gut bewährt. Nachdem medizinische Beurteilung heutzutage in der Regel auf Basis von Jahresgeruchsstunden erfolgen und eine derartige Berechnung mit der VRL nicht möglich ist, sowie Weiterentwicklungen in der Landwirtschaftstechnik (zB Wäscher, Biofilter, Mehrphasenfütterung, Entmistungstechnik, größere Güllelagervolumen) wesentliche Änderungen im Emissionsniveau eines Betriebes mit sich bringen, die mit der VRL nicht abgebildet werden können, war eine Revision der bisherigen Beurteilungspraxis notwendig. In der Steiermark wird seit einigen Jahren

[319] *Öttl*/Schlacher ua, Grundlagen für die Modellierung der Geruchsausbreitung aus der Tierhaltung mit dem Lagrange´schen Partikelmodell GRAL, Amt der Stmk LR, Bericht Nr LU-04-2014, 40 f; iZm *Jungbluth/Hartung/Gallmann*, Abschlussbericht: Wissenschaftliche Untersuchungen zur GIRL-Anwendung („GIRL-Projekt BW"), O.Nr.: U 43-02.04. Universität Hohenheim, Institut Agrartechnik, 361 S.

[320] *Schauberger/Eder/Fiebiger/Köck/Lazar/Pichler-Semmelrock/Piringer/Quendler/Swoboda/Thiemann/Teufelhart*, Vorläufigen Richtlinie zur Beurteilung von Immissionen aus der Nutztierhaltung in Stallungen – korrigierte Version (2000), 39 S.

das Lagrange'sche Partikelmodell GRAL in Genehmigungsverfahren eingesetzt, welches auch für die Geruchsausbreitung von Tierhaltungsbetrieben verwendet werden kann.[321]

Für die Bestimmung der Häufigkeit und Intensität einer Geruchsimmission haben sich im Wesentlichen zwei unterschiedliche Methoden entwickelt[322]:

- Konzept der Geruchsstunde mit Angabe der sogenannten Jahresgeruchsstunden in Prozent in Abhängigkeit einer bestimmten Geruchsschwelle in Geruchseinheiten pro Kubikmeter [GE/m³].
- Konzept der Geruchskonzentration in [GE/m³], die in einer bestimmten Häufigkeit überschritten wird, wobei die Geruchskonzentration als Stundenmittelwert berechnet wird.

Hinsichtlich der lärm- und schalltechnischen Erhebungen im Nachbarschaftsbereich kommen vor allem die ÖAL-Richtlinie 3[323] und die ÖNORM S 5021[324] zur Anwendung.

Bei solchen Richtlinien handelt es sich zumeist um allgemeine Regelungen ohne jeglichen Normcharakter, die von den Sachverständigen als fachliche Hilfsmittel bei der Erstellung von Gutachten herangezogen werden. Es bestehen dagegen auch keine Bedenken, solange die Sachverständigen in ihren Gutachten jeweils in nachvollziehbarer Weise aufzeigen und begründen, warum sie die von ihnen angewendete Richtlinie bzw die darin empfohlenen Grenzwerte zur Grundlage ihres Gutachtens gemacht haben[325].

---

[321] *Öttl/*Schlacher ua, Grundlagen für die Modellierung, Amt der Stmk LR, Bericht Nr LU-04-2014, 4 f.
[322] *Öttl/ Moshammer ua,* Richtlinie zur Beurteilung von Geruchsimmissionen, Amt der Stmk LR, A 15, Luftreinhaltung, Bericht Nr LU-08-2018, 4 f.
[323] *Österreichischer Arbeitsring für Lärmbekämpfung (ÖAL),* Beurteilung von Schallimmissionen im Nachbarschaftsbereich, ÖAL-Richtlinie Nr 3 Blatt 1, Ausgabe 2008-03-01.
[324] ÖNORM S 5021 "Schalltechnische Grundlagen für die örtliche und überörtliche Raumplanung und Raumordnung".
[325] VwGH 7.3.2000, 99/05/0162; *Ferz*, Tierhaltungsbetriebe in der Steiermark, bbl 2010, 223.

Wie also ausgeführt, ist zur Beurteilung der Auswirkungen des Betriebes landwirtschaftlicher Anlagen regelmäßig ein Emissions-, ein Lärm- und darauf aufbauend ein Humanmedizinisches Gutachten notwendig. Darüber hinaus kann es geboten sein, weitere Sachverständige beizuziehen. So kann zB die Klärung der Fragen hinsichtlich des Ausmaßes und der Auswirkungen von Staub und Lästlingen bei landwirtschaftlichen Betriebsanlagen auch nur durch Gutachten ermöglicht werden.

Zu beachten ist jedenfalls, dass Gutachten, die von Bauwerbern erbracht werden (Privatgutachten), einer Plausibilitätsprüfung zu unterziehen sind. Dies geschieht zumindest hinsichtlich der Emissionsgutachten in der Art und Weise, dass solche Gutachten den Amtssachverständigen des Landes vorgelegt werden können. Bei anderen zu beurteilenden Privatgutachten muss die Baubehörde wiederum nicht amtliche Sachverständige zur Plausibilitätsüberprüfung beiziehen.

Ergänzend hinzuweisen ist, dass zu dem Begriff der landwirtschaftlichen Betriebsanlage nicht nur Gebäude iSd § 4 Z 29 Stmk BauG (zB Stallungen), sondern eben bauliche Anlagen § 4 Z 13 Stmk BauG (zB Gülleanlagen, Silos) schlechthin gehören. Hingegen kann die Nutzung einer Wiesenfläche im Rahmen einer Freilandhühner- oder Freilandschweinehaltung nicht Gegenstand einer baurechtlichen Beurteilung sein[326].

Bei landwirtschaftlichen Betriebsbauten treten gerne, und darauf wurde schon hingewiesen,
Tier- und Naturschutzorganisationen bzw deren Vertreter bei Bauverhandlungen auf und reklamieren ein Mitspracherecht für sich oder behaupten ein solches zu haben. Legitim ist dies, wenn sie versuchen über tatsächlich betroffene Nachbarn in das Verfahren zu kommen, indem sie mit deren Vollmacht ausgestattet als deren Vertreter tätig werden. Manchmal erscheinen sie zur Bauverhandlung, aufgrund der öffentlichen

[326] VwGH 26.5.2009, 2009/06/0031.

Kundmachung sind ihnen Zeit und Ort der Verhandlung bekannt, und bringen von sich aus Einwendungen vor. Der Verhandlungsleiter ist gefordert, darauf richtig zu reagieren. Im ersteren Fall wird er die Einwendungen und Argumente zulassen, die später geprüft und, wenn keine Nachbarrechte betroffen sind, bescheidmäßig zurückgewiesen werden. Im zweiteren Fall wird die Aufforderung, die Verhandlung mangels Parteistellung nicht zu stören und diese zu verlassen, die Konsequenz sein.

5.2. Landwirtschaftliche Betriebsanlagen Beispielfall

Wie schwierig und komplex solche Bewilligungsverfahren ablaufen können, ist bereits bei den praktischen Fällen im „Gutachten" Beispielfall 2 und im „Parteistellung" Beispielfall aufgezeigt worden.

6. Nachträgliche Überprüfung landwirtschaftlicher Betriebsanlagen

6.1. Nachträgliche Überprüfung – rechtliche Bestimmungen

Damit es auch für bereits genehmigte und in Betrieb befindliche Anlagen einen verbesserten Immissionsschutz geben kann, hat der Gesetzgeber mit der Bestimmung des § 29 Abs 6 Stmk BauG im Interesse der Nachbarn einer landwirtschaftlichen Betriebsanlage die Möglichkeit des Eingriffs in die Rechtskraft des Baubewilligungsbescheides verfügt. Dieser Eingriff erfolgt in Form eines baupolizeilichen Auftrages[327].

Nach den EB zur Baugesetznovelle LGBl 2008/88[328] orientiert sich § 29 Abs 6 bis Abs 8 Stmk BauG an § 79 Gewerbeordnung 1994 (GewO 1994). So setzt die Vorschreibung von anderen oder zusätzlichen Auflagen gemäß § 79 Abs 1 GewO voraus, dass trotz Einhaltung der dem Genehmigungsbescheid zu Grunde liegenden

[327] *Trippl/Schwarzbeck/Freiberger*, Steiermärkisches Baurecht^5, § 29 A 394.

[328] *Trippl/Schwarzbeck/Freiberger*, Steiermärkisches Baurecht^5, § 29 EB 386 f.

Betriebsbeschreibung und der dort vorgeschriebenen Auflagen die gemäß § 74 Abs 2 GewO wahrzunehmenden Interessen nicht hinreichend geschützt sind.

Rechtskräftigen Genehmigungsbescheiden kommt zwar aus Gründen der Rechtssicherheit und des Vertrauensschutzes eine besondere Bestandskraft zu, doch ist zu deren Durchbrechung der Gesetzgeber in begründeten Fällen ermächtigt. Das verfassungsgesetzlich gewährleistete Eigentumsrecht[329], zu dem das aus dem Eigentum erfließende Recht zur Bebauung eines Grundstückes und der Benützung eines Gebäudes gehören, kann beschränkt werden, wenn diese Beschränkung im öffentlichen Interesse (zB Umweltschutz, Schutz des Lebens ua) geboten ist und der Eingriff verhältnismäßig (angemessenes Verhältnis zwischen öffentlichem Interesse und Schwere des Grundrechtseingriffs) erfolgt.[330]

§ 29 Abs 6 Stmk BauG eröffnet nun der Baubehörde vor allem im Hinblick auf Tierhaltungsbetriebe und Gülleanlagen von Amts wegen und „insbesondere" auf Antrag eines Nachbarn die Möglichkeit, in begründeten Fällen mit Hilfe von anderen oder zusätzlichen Auflagen während des Betriebs der bewilligten landwirtschaftlichen Anlage die Wahrung der Schutzgüter des § 95 Abs 1 Stmk BauG weiterhin zu gewährleisten. Dies auch dann, wenn die in § 95 Abs 1 Stmk BauG genannten Interessen trotz aufrechter baubehördlicher Bewilligung und trotz konsensmäßigem Betrieb doch nicht (mehr) ausreichend geschützt werden.[331]

Die Vorschreibung derartiger Auflagen knüpft demnach an die rechtskräftige Baubewilligung an. Werden hingegen zB der Viehbestand in konsenswidriger Weise verändert oder Auflagen nicht erfüllt bzw eingehalten, so ist nicht nach § 29 Abs 6

---

[329] Art 5 StGG, Art 1 1.ZPEMRK.
[330] *Giese*, Die nachträgliche Vorschreibung von Auflagen im Baurecht, bbl 2009, 47 f.
[331] *Ferz*, Tierhaltungsbetriebe in der Steiermark, bbl 2010, 228 f.

Stmk BauG vorzugehen, sondern es ist der rechtmäßige Zustand aufgrund der Baubewilligung herzustellen.[332]

Es kommt grundsätzlich nicht darauf an, worauf es zurückzuführen ist, dass den in § 95 Abs 1 Stmk BauG angeführten Anforderungen nicht ausreichend entsprochen wird, die die Vorschreibung zusätzlicher oder anderer Auflagen erforderlich machen. Jedenfalls muss eine konkrete und nicht bloß abstrakte Gefährdungs- bzw eine konkrete Belästigungssituation gegeben sein, die von der Baubehörde auf der Grundlage sachverständiger Feststellungen tatsächlich qualifiziert werden kann[333].

Liegen die vorhin genannten Eingriffsvoraussetzungen vor und kann nach dem Stand der Technik gewährleistet werden, dass durch die vorzuschreibenden Auflagen die Einhaltung der Schutzinteressen sichergestellt wird, dann sind von der Behörde die entsprechenden Auflagen im Verfahren nach § 29 Abs 6 Stmk BauG verpflichtend („hat die Behörde") vorzuschreiben.

Der Verweis auf den sogenannten „Stand der Technik" bedeutet, dass der nunmehrige Stand der Technik maßgebend ist, sowie auch die aktuell geltende Rechtslage zum Zeitpunkt der baubehördlichen Entscheidung anzuwenden ist[334].

Die nachträgliche Vorschreibung von anderen oder zusätzlichen Auflagen ist durch den Gesetzgeber jedoch beschränkt. Zum einen muss es sich um Betriebe mit einer Mindestgröße ab Geruchszahl G=20[335] handeln. Bei kleineren Tierhaltungsbetrieben ist die Geruchsbelästigung erfahrungsgemäß vernachlässigbar. Zum anderen ist von einer Änderung oder Ergänzung gemäß § 29 Abs 6 Stmk BauG abzusehen, wenn der

---

[332] *Ferz*, Tierhaltungsbetriebe in der Steiermark, bbl 2010, 229.
[333] *Giese*, Die nachträgliche Vorschreibung von Auflagen im Baurecht, bbl 2009, 54.
[334] Ebda.
[335] § 4 Z 32 Stmk BauG, wie auch § 2 Abs 1 Z 15 Stmk ROG.

finanzielle Aufwand im Vergleich zum angestrebten Nutzen unverhältnismäßig hoch ist (§ 29 Abs 8 leg cit).

Der VwGH hat dazu jedoch wiederholt festgehalten, dass in dem Fall, dass das Ziel einer Auflage dem Schutz vor Gesundheitsgefährdung diene, der mit der Erfüllung der Auflage verbundene Aufwand niemals außer Verhältnis zu dem damit angestrebten Erfolg stehe[336]. Ist also eine Gesundheitsgefährdung durch die nachträgliche Überprüfung festgestellt worden, dann sind jedenfalls Auflagen zur Verbesserung dieser Gefährdung vorzuschreiben. Dabei sind jene Auflagen zu wählen, mit denen am wenigsten einschneidenden Vorkehrung das Auslangen gefunden werden kann. Erweisen sich aber die nach Maßgabe des § 29 Abs 6 Stmk BauG zulässigen Maßnahmen als unzureichend, um den Schutz des Lebens oder der Gesundheit tatsächlich zu gewährleisten, so hat die Behörde auf die Möglichkeit der Abänderung bzw Behebung des Genehmigungsbescheides nach § 68 Abs 3 AVG bei Vorliegen der dort normierten Voraussetzungen zurückzugreifen.[337]
Um wirtschaftliche Härtefälle zu vermeiden, kann die Behörde nach Maßgabe des § 29 Abs 7 Stmk BauG für die Erfüllung von zusätzlichen Auflagen eine Frist von längstens fünf Jahren einräumen.[338]

Auf die nachträgliche Vorschreibung von Auflagen besteht zum Schutz ihrer rechtlichen Interessen ein durchsetzbarer Rechtsanspruch der Nachbarn. Auf diesen Rechtsanspruch deutet in § 29 Abs 6 Stmk BauG die Formulierung „insbesondere auf Antrag eines Nachbarn" hin.

Nach Giese[339] kommt mangels verfahrensrechtlicher Einschränkungen in den Bauordnungen auch jenen Nachbarn Parteistellung zu, denen im Grundverfahren keine

---

[336] VwGH 7.11.2005, 2001/04/0040; 2.7.1992, 92/04/0056; 12.12.1989, 89/04/0140.
[337] *Ferz*, Tierhaltungsbetriebe in der Steiermark, bbl 2010, 230.
[338] *Ferz*, Tierhaltungsbetriebe in der Steiermark, bbl 2010, 230.
[339] *Giese*, Die nachträgliche Vorschreibung von Auflagen im Baurecht, bbl 2009, 57.

Parteistellung zugekommen ist (zB im Anzeigeverfahren gem § 33 Abs 7 Stmk BauG) oder in diesem Verfahren keine Parteistellung erlangt haben (zB auf Grund ihrer Zustimmung zum Bauvorhaben oder als nachträglich zugezogene Nachbarn) bzw mangels Einwendung wieder verloren haben.

Hierbei stellt sich jedoch die Frage, ob damit auch jenen Personen und Grundeigentümern die Nachbarschaftsstellung nun mehr gewährt werden soll, denen aufgrund der seinerzeitigen baubehördlichen Verfahren keine Stellung als Nachbarn zugekommen ist, da sie von möglichen Einwirkungen der Bauvorhaben oder deren Benützung durch Gutachten belegt nicht betroffen sind bzw sein konnten. Beispielsweise könnte dabei ein Grundeigentümer, der sich in Kilometer Entfernung zu einem Tierhaltungsbetrieb befindet, als Nachbar im Sinne des § 29 Abs 6 Stmk BauG auftreten, obwohl die seinerzeitigen gutachterlichen Berechnungen zur Bewilligung dieses Tierhaltungsbetriebes zu einem Wahrnehmungs-(Betroffenheits-)kreis von nur einigen hundert Metern führte. In einer solchen Konstellation wäre es meines Erachtens nach durchaus möglich, dass die Baubehörde einen solchen Antrag mangels Nachbarschafts- (Partei-)stellung zurück weist, weil es nicht plausibel ist, dass sich Emissionen des bewilligten Tierhaltungsbetriebes bei konsensgemäßer Benützung so weit erhöhen, dass es zu einer Verdoppelung des Wahrnehmungskreises kommen kann und andererseits unmittelbare Anrainer des Betriebes von keiner Beeinträchtigung ihrer Schutzinteressen betroffen sind.

Um Einleitung eines Verfahrens nach § 29 Abs 6 Stmk BauG und eine gutachterliche Beurteilung des Tierhaltungsbetriebes wird die Baubehörde dann nicht umhinkommen, wenn ein solcher Antrag von einem Grundeigentümer gestellt wird, der sich im Nahebereich der seinerzeitigen Wahrnehmungsgrenze rund um den Betrieb befindet und somit nun betroffen sein könnte, was durch Immissionsgutachten in diesem Verfahren festgestellt werden kann.

Sind die Interessen des Nachbarn nach § 95 Abs 1 Stmk BauG bereits ausreichend geschützt, sei es allein durch den ursprünglichen Bewilligungsbescheid oder einen anderen diese Bewilligung abändernden rechtskräftigen Bescheid, so ist kein Anwendungsfall des § 29 Abs 6 Stmk BauG und damit keine Möglichkeit zur Vorschreibung anderer oder zusätzlicher Auflagen gegeben.[340]

Die Kosten eines solchen Verfahrens betreffend nachträglicher Auflagen im Hinblick auf landwirtschaftliche Betriebe hat gemäß § 29 Abs 6 letzter Satz Stmk BauG die Gemeinde zu tragen.

6.2. Nachträgliche Überprüfung Beispielfall

In einer kleineren Ortschaft mit etwa 20 Wohnhäusern in Streusiedlungslage betreibt die Hälfte der Bewohner eine Land- und Forstwirtschaft. So sind aktuell 9 tierhaltende Betriebe vorhanden, die überwiegend Schweinezucht und/oder Schweinemast mit unterschiedlichen Tierzahlen und Intensitäten haben. Das gesamte Gebiet ist in der Widmungskategorie Freiland gelegen. Seit einigen Jahren fühlt sich die Nachbarin, die selbst auch eine Hofstelle hat, aber deren Schweinehaltung weitestgehend aufgegeben wurde, von den Gerüchen zweier im unmittelbaren Umfeld vorhandener Tierhaltungsbetriebe (nunmehr als Betrieb A und Betrieb B beschrieben) belästigt und hat im Jahre 2014 Beschwerde bei der Gemeinde dagegen eingebracht.

Der Tierhaltungsbetrieb A umfasst mehrere bewilligte Stallungen, worin in Summe ca 1.200 Mastschweine gehalten werden können. Der Tierhaltungsbetrieb B verfügt über die Bewilligung zur Haltung von ca 300 Mastschweine, 650 Ferkeln und 2.100 Legehennen. Zur Erfassung und Bewertung der vorhandenen Geruchsemissionen aus den Stallungen erging von der Gemeinde ein Amtshilfeersuchen an die zuständige Abteilung des Landes. Auf Anraten des von der Abteilung beigestellten Amtssachverständigen für Immissionsberechnungen hatte die Baubehörde jedoch

[340] VwGH 30.9.2015, Ro 2014/06/0037; mH VwGH 20.12 2005, 2001/04/0042.

zuvor die Aufgabe, eine Erhebung bei sämtlichen Tierhaltungsbetrieben im Umkreis von 500 m rund um den Standort der Beschwerdeführerin vorzunehmen, damit auch eine eventuell sich ergebende kumulative Wirkung dieser Betriebe in die Berechnung miteinfließen kann.

So wurden zunächst unter Beiziehung eines Bausachverständigen und eines landwirtschaftlichen Sachverständigen alle diese Betriebe aufgesucht und standardisierte Erhebungen über den legalisierten (bewilligten) und den tatsächlich vorhandenen Tierbestand, deren Lüftungs-, Entmistungs- und Fütterungstechnik durchgeführt. Die ermittelten Kennzahlen spielte der Amtssachverständige in sein Berechnungsprogramm (Lagrange'sche Partikelmodell GRAL[341]) ein und konnten damit verschiedenste Auswertungsszenarien abgebildet werden. Die errechneten Modelle veranschaulichen zum einen die Geruchsausbreitung sämtlicher erhobenen Betriebe mit aktuellem Tierbestand und zum anderen mit dem rechtmäßigen Tierbestand, des Weiteren die Einzelbeiträge der in der Beschwerde angeführten zwei Betriebe und abschließend auch die Eigenbelastung der Beschwerdeführerin.

Zum besseren Verständnis des Immissionsgutachtens wurde folgende kurze Erläuterung der Parameter vorangestellt: Als Geruchskennzahlen dienen die Geruchskonzentration in Geruchseinheiten pro m^3 (GE/m^3) und die Häufigkeit des Auftretens von Gerüchen, die in Jahresgeruchsstunden (JGS) in Prozenten angegeben werden. Eine Geruchskonzentration von 1 GE/m^3 bedeutet, dass im Labor ein Geruch durch die menschliche Nase als Sensor von zumindest 50 % der Probanden durch Vergleich verdünnter Proben mit reiner Luft wahrgenommen wird. Vor den üblichen Hintergrundbelastungen in der freien Umwelt gehen Wissenschaftler davon aus, dass eine Geruchskonzentration von 3 GE/m^3 für eine Benachteiligung notwendig ist. Die Häufigkeit des Geruchs wird in Geruchsstunden ermittelt, wobei man bereits von einer solchen spricht, wenn in mehr als 10 % der betreffenden Stunde (6 Minuten oder mehr)

[341] Siehe vorhergehendes Kapitel 5 Landwirtschaftliche Betriebsanlagen, 95.

ein Geruch wahrnehmbar ist. Die solcher Art ermittelten Geruchsstunden werden im Verhältnis zu den Jahresstunden gesetzt und ergeben dann die Jahresgeruchsstunden in Prozent. Als Grenze für eine nicht erhebliche (zumutbare) Belastung hat eine Geruchshäufigkeit von 8 – 10 % der Jahresstunden Eingang in die gängige Rechtsprechung gefunden.

Dem immissionstechnischen Gutachten ist nun zu entnehmen, dass durch die aktuell vorhandenen Tierbestände aller erhobenen Betriebe beim Wohngebäude der Beschwerdeführerin sich eine Häufigkeit der Jahresgeruchsstunden zwischen 15 und mehr als 50 % für 1 GE/m³ bzw zwischen 1 und mehr als 15 % für 3 GE/m³ ergeben. Für die rechtmäßigen Bestände aller erhobenen Betriebe sind die Häufigkeitswerte höher und liegen diese für 1 GE/m³ bei mehr als 60 % bzw für 3 GE/m³ bei mehr als 15 %. Den größten Beitrag zu diesen Werten liefert aufgrund der räumlichen Nähe zur Beschwerdeführerin der Betrieb B mit mehr als 30 % bei 1 GE/m³ und mit 8 % der Jahresgeruchsstunden für 3 GE/m³. Für den Betrieb A gilt der Anteil mit etwas mehr als 20 % für 1 GE/m³ und etwas weniger als 8 % für 3 GE/m³. Für die Hofstelle der Beschwerdeführerin konnten für den aktuellen Tierbestand nur vernachlässigbare Geruchshäufigkeiten ermittelt werden und liegen die Häufigkeiten beim rechtmäßigen Bestand zwischen 1 % bis 10 % für 1 GE/m³ bzw bei max 1 % bei 3 GE/m³.

Der Immissionstechniker übermittelte sein Gutachten einer medizinischen Amtssachverständigen zur umweltmedizinischen Beurteilung der dargelegten Ergebnisse. Die Umweltmedizinerin informierte in ihrem Gutachten zunächst über die derzeit für die Beurteilung herangezogenen Richtwerte von 8 % Jahresgeruchsstunden bei 1 GE/m³ und 3 % Jahresgeruchsstunden bei stark wahrnehmbaren Gerüchen (3 GE/m³)[342] bzw der Immissionswerte der GIRL[343]. Allgemein wird angeführt, dass

[342] Gem Österreichische Akademie der Wissenschaften 1994 und „Technische Grundlage Gerüche" des BMWFJ (2009).

[343] Geruchsimmissionsrichtlinie (GIRL) des medizinischen Institutes für Umwelthygiene der Heinrich-Heine Universität Düsseldorf.

Belästigungen subjektive Zustände des Unbehagens sind, die durch Stoffe oder Umstände hervorgerufen werden, von denen nach Ansicht der Betroffenen negative Auswirkungen auf das Individuum oder Gruppe ausgehen. Die auf Geruchsstunden basierenden Geruchshäufigkeiten machen grundsätzlich eine hinreichende Beschreibung des Belästigungsgrades von Anrainern möglich. Dauerhafte Umweltbelastungen sind als chronische Stressoren zu bezeichnen. Besonders belastend wirkt sich hier nun jener Umstand aus, dass gerade für das unmittelbare Lebensumfeld bzw für den Bereich des Wohnhauses der Beschwerdeführerin die hohen Geruchsbelastungen ermittelt wurden. Im Resümee kommt die Umweltmedizinerin zu dem Schluss, dass durch die Höhe der Geruchsbelastungen hochgradige Belästigungs- und Stressreaktionen nachvollziehbar sind. Es wird daher eine technische Sanierung dringend empfohlen, um diese Belästigungsreaktionen zu reduzieren und zu einer Verbesserung der Lebensqualität zu führen.

Die dargestellten Gutachten wurden der Beschwerdeführerin und den beiden betroffenen Betrieben zum Parteiengehör übermittelt.

Nachdem sich der Zeitraum von der Erhebung der Daten bei den einzelnen Betrieben bis zur Übermittlung des medizinischen Gutachtens über fast eineinhalb Jahre erstreckte, wurden zwischenzeitlich von der Beschwerdeführerin Urgenzen bei der Baubehörde und Amtsbeschwerde bei der Aufsichtsbehörde des Landes eingebracht. Für die Aufsichtsbehörde war aber bald klar, dass ein solches Verfahren Zeit benötigt. Zudem wurde aufgrund der geringen Erfahrungswerte des Landes und der Gemeinden zur Abhandlung solcher Verfahren nach § 29 Abs 6 Stmk BauG weitere Amtshilfe des Landes angeboten.

Durch das Umweltmedizinische Gutachten stand nun fest, dass der in § 29 Abs 6 Stmk BauG formulierte Sachverhalt erfüllt ist. Durch die ermittelten hohen Geruchsbelastungen werden die Interessen gemäß § 95 Abs 1 leg cit durch die aufrechten baubehördlichen Bewilligungen der beiden Tierhaltungsbetriebe nicht mehr ausreichend geschützt. Es hat die Behörde den Betrieben andere oder zusätzliche Auflagen nach dem Stand der Technik vorzuschreiben, so die gesetzliche Folgerung.

Die Baubehörde stand nun vor der Frage, welche Auflagen den Betrieben auferlegt werden können. Dies immer unter Beachtung des Grundsatzes des AVG[344], dass in bestehende Rechte nur mit möglichster Schonung der erworbenen Rechte eingegriffen werden darf, sowie unter Berücksichtigung der in den Absätzen 7 und 8 des § 29 Stmk BauG angeführten wirtschaftlichen Zumutbarkeitsbestimmungen für die Betriebe und der Verhältnismäßigkeit zum angestrebten Nutzen. Außerdem haben die vorzuschreibenden Auflagen den Formerfordernissen (erforderlich, überprüfbar, ua) zu entsprechen, und ist es nicht zulässig, in einer einfachen Formulierung die Senkung der Geruchsintensität und -häufigkeit auf ein Richtwertniveau zu verlangen.

Das diesbezügliche Verfahren bei der Gemeinde ist derzeit an diesem Punkt angekommen. Der weitere Verlauf des Verfahrens wurde von der Baubehörde nachfolgend beschrieben, und darf man auf die sich ergebenden weiteren Auflagen gegenüber den Tierhalterbetrieben und den zeitlichen Umsetzungshorizont gespannt sein.

Der Baubehörde obliegt es nun, durch einen landwirtschaftlichen Sachverständigen, der auch Fachkenntnisse in Bezug auf technische Einrichtungen und Maßnahme zur Geruchsreduktion bei Stallungen besitzt, den Tierhaltungsbetrieben A und B diesbezügliche umsetzbare und wirtschaftlich vertretbare Vorschläge auf Grundlage der jeweilig bewilligten und vorhandenen baulichen Gegebenheiten auszuarbeiten. Diese Geruchsreduktionsmaßnahmen müssen vor Bescheiderlassung durch den Immissionstechniker programmtechnisch erfasst und die sich mit der Reduktion ergebenden Ausbreitungs- und Intensitätsberechnungen angestellt werden. Diese

[344] § 68 Abs 3 letzter Satz AVG.

neuen Geruchskennzahlen sind wiederum der umweltmedizinischen Beurteilung zu unterwerfen. Erst wenn von deren Seite festgestellt wird, dass mit den vorgeschlagenen Geruchsreduktionsmaßnahmen keine unzumutbare Belästigung mehr gegeben ist, wird die Baubehörde daran gehen, den Betrieben A und B die Umsetzung dieser Maßnahmen durch ergänzende Auflagen vorzuschreiben.

7. Beseitigungsauftrag

7.1. Beseitigungsauftrag – rechtliche Bestimmungen

Zum Beseitigungsauftrag ist beim Kapitel über die baupolizeilichen Verfahren im Punkt 2.3. bereits Grundsätzliches ausgeführt worden.

Voraussetzung für einen gemäß § 41 Abs 3 Stmk BauG zu erlassenden Beseitigungsauftrag ist eine vorschriftswidrige bauliche Anlage. Dazu gehören vor allem alle Baulichkeiten, die über keine baurechtliche Bewilligung verfügen. In erster Linie wird man dabei an Bauten denken, die konsenslos errichtet worden sind (sog „Schwarzbauten“), also für die nicht um deren Genehmigung angesucht wurde. Zum anderen gehören dazu aber auch jene zwar bewilligten Bauten, die aber hinsichtlich ihrer Größe oder Lage insoweit von der Bewilligung abweichen, dass die Abweichung nicht mehr als geringfügig eingestuft werden kann und diese Bauten der Bewilligung nicht mehr entsprechen. Neben Bauten oder sonstigen baulichen Anlagen sind es mitunter auch bewilligungspflichtige Bauteile (zB größere Dachvorsprünge, zusätzliche Dachgauben oder Fenster), denen es an einer Bewilligung mangelt, oder die von einer Bewilligung nicht mitumfasst sind.

Eine Bewilligungspflicht für die Errichtung von baulichen Anlagen muss zum Zeitpunkt der Errichtung bestehen. Ist ein bestimmtes Bauvorhaben zum Zeitpunkt der Errichtung nicht bewilligungspflichtig, so ist auch im Falle des nachträglichen Eintritts

einer Bewilligungspflicht etwa durch eine Gesetzesänderung die Erteilung eines Beseitigungsauftrages keinesfalls möglich.[345]
Eine Bewilligungspflicht muss nicht nur zum Zeitpunkt der Errichtung, sondern auch zum Zeitpunkt der Erlassung des baupolizeilichen Auftrages bestehen[346]. Ein baupolizeilicher Auftrag wird mit Erlassung des Bescheides wirksam. Ein Beseitigungsauftrag ist also nicht mehr zulässig, wenn zum gegenwärtigen Zeitpunkt keine Bewilligungspflicht besteht, auch wenn diese Bewilligungspflicht zum früheren Zeitpunkt der Errichtung bestanden hat.

Ziel des Beseitigungsauftrages ist die Wiederherstellung des konsensgemäßen Zustandes.

Der Nachbar besitzt im Falle der Verletzung seiner subjektiv-öffentlichen Rechte einen Rechtsanspruch auf Erlassung eines Beseitigungsauftrages[347].

7.2. Beseitigungsauftrag Beispielfall 1

Seit mehr als zwei Jahrzehnten geht ein Bürger seiner besonderen Sammelleidenschaft nach. Er interessiert sich für kleinere alte Bauobjekte, die Großteils aus Holz gefertigt sind und früher als landwirtschaftliche Wohn- und Wirtschaftsgebäude oder kleingewerbliche Betriebsobjekte in der Region genutzt wurden. Um sie vor dem Verfall oder Abriss zu bewahren, hat er einige davon fachgerecht abgetragen und auf seiner Liegenschaft wiedererrichtet. So ist im Laufe der Zeit ein Gebäude-Ensemble entstanden, welches als kleine Variante des in der Steiermark bekannten Freilichtmuseums Stübing bezeichnet werden kann. Das Ausstellungsgelände ist für Besucher frei zugänglich und wird von Kindergruppen und Tagestouristen gerne besichtigt.

[345] *Eisenberger/Hödl*, Einführung [3], 101.
[346] *Trippl/Schwarzbeck/Freiberger*, Steiermärkisches Baurecht[5], § 41 EB 509.
[347] *Trippl/Schwarzbeck/Freiberger*, Steiermärkisches Baurecht[5], § 41 E 538.

In Kenntnis dieser besonderen Nutzung des Grundstückes erfolgt mit der Revision des Flächenwidmungsplanes im Jahr 2008 eine Ausweisung als Sondernutzung im Freiland „Freilichtmuseum" und im Jahr 2012 auf Antrag des Grundeigentümers eine Erweiterung dieser Sondernutzungsfläche. Zulässig ist bei der Sondernutzung „Freilichtmuseum" eine ganzheitliche Darstellung von Siedlungs-, Bau-, Wohn- und Wirtschaftsformen unter freiem Himmel, welche für die Öffentlichkeit begehbar sind. Die ausgestellten Objekte dienen ausschließlich zur Besichtigung und dürfen nicht für Wohnzwecke bzw sonstige Zwecke genutzt werden. Entsprechende Baubewilligungen der Objekte erfolgten.

Im südöstlichen Nachbarschaftsbereich zum „Freilichtmuseum" befinden sich Einfamilienwohnhäuser in der Baulandkategorie „Allgemeines Wohngebiet". Aufgrund privater Zwistigkeiten mit Nachbarn dieses Wohngebietes gab es gelegentlich Beschwerden bei der Gemeinde über Lärmbelästigungen und Besitzstörungen durch Besucher des „Freilichtmuseums".

Die Gemeinde sah sich schließlich veranlasst, eine Überprüfung vor Ort zu machen, und musste dabei feststellen, dass eine Reihe von weiteren Bauten errichtet worden sind, von denen die Baubehörde noch keine Kenntnis hatte. So fanden sich nun dort eine Kapelle, eine Schule, eine Töpferei, eine Bienen-Hütte, ein Most-Keller, eine Knechtl-Stube sowie eine Steinschlichtung.
Der Betreiber argumentierte, dass es sich jeweils um bewilligungsfreie Bauvorhaben handelt, sowie analog dem Freilichtmuseum Stübing eine baurechtliche Bewilligung für Museumsaustellungsobjekte nicht erforderlich ist.

Die konsenslos errichteten Bauten wurden von der Baubehörde unter Beiziehung eines Bausachverständigen erhoben und erließ die Baubehörde einen entsprechenden Beseitigungsauftrag gemäß § 41 Abs 3 Stmk BauG. Die gegen diesen Bescheid erhobene Berufung wurde vom Gemeinderat als unbegründet abgewiesen, da eine Baubewilligung oder Baufreistellung für die angesprochenen Bauten nicht vorlag.

Es folgte die seinerzeit im Jahre 2013 noch mögliche Erhebung der Vorstellung an die Steiermärkische Landesregierung. Der Vorstellungswerber brachte vor, dass das Grundstück, auf welchem die gegenständlichen Bauwerke errichtet wurden, als Sondernutzung im Freiland für Freilichtmuseum ausgewiesen sei. Gemäß § 33 Abs 5 Z 1 lit a Stmk ROG dürften Neu- und Zubauten für eine bestimmungsgemäße Nutzung gemäß Abs 3 Z 1 (Sondernutzung) errichtet werden und sind die Bestimmungen des Stmk BauG für ein als Freilichtmuseum errichtetes Bauwerk nicht anzuwenden. Die Vorstellungsbehörde behob den Bescheid des Gemeinderates wegen Verletzung von Rechten des Vorstellungswerbers. Begründet wurde die Bescheidbehebung damit, dass aufgrund der fehlenden Festsetzung einer Leistungsfrist beim gegenständlichen Beseitigungsauftrag, Rechte des Vorstellungswerbers verletzt worden seien. Im Beseitigungsbescheid (sowohl im erst- als auch zweitinstanzlichen Bescheid) wurde nämlich verabsäumt, eine Frist bzw eine Zeitspanne im Spruch des Bescheides anzuführen, binnen derer die Beseitigung der vorschriftswidrigen Bauten zu erfolgen habe. Ansonsten spricht die Vorstellungsbehörde aus, dass der Beseitigungsauftrag dem Grunde nach zu Recht ergangen sei. Der Umstand der Sondernutzungsausweisung Freilichtmuseum sowie das Alter der Gebäude könnten keinesfalls einen Ausnahmetatbestand von der baurechtlichen Genehmigungspflicht darstellen.

Im zweiten Bescheid des Gemeinderates wurde nun dem Berufungswerber die Beseitigung der ohne Baubewilligung errichteten Bauwerke binnen zwei Wochen aufgetragen.

Gegen diesen Berufungsbescheid erging die seit dem Jahr 2014 vorgesehene Beschwerde an das Landesverwaltungsgericht. Die Beschwerde richtete sich gegen die zu kurz gefasste „Baufrist“ (richtiger weise müsste es „Leistungsfrist“ heißen) von zwei Wochen und wird eine Frist von rund drei Monaten als angemessen angesehen.

Im Übrigen sei der Abbruchbescheid ersatzlos zu beheben. Den Ausführungen der Landesregierung, dass der Verweis auf das Freilichtmuseum Stübing für das gegenständliche Berufungsverfahren irrelevant sei, sei nicht haltbar. Die Landesregierung als Baugesetzgeber hätte sich für Stübing eine eigene Ausnahmegenehmigung im Baurecht geschaffen. Nach dem Gleichheitsgrundsatz würde dem Beschwerdeführer das gleiche Recht zustehen.

Das Landesverwaltungsgericht stellte zunächst fest, dass es sich bei den verfahrensgegenständlichen Bauten um bauliche Anlagen im Sinne des § 4 Z 13 Stmk BauG handelt, für die kein Ausnahmetatbestand im Sinne des § 3 leg cit vorliegt. Unbestritten ist auch, dass eine Baubewilligung für die Bauwerke tatsächlich nicht vorliegt und diese somit konsenslos errichtet wurden. Aus der Rechtsprechung des Verwaltungsgerichtshofes ist zu entnehmen, dass die Erteilung eines Beseitigungsauftrages gemäß § 41 Abs 3 Stmk BauG dann in Betracht kommt, wenn die Errichtung eines bestimmten Baues sowohl im Zeitpunkt der Bauausführung als auch im Zeitpunkt der Erteilung des Beseitigungsauftrages bewilligungspflichtig oder anzeigepflichtig war, wobei mangels Baubewilligung oder Bauanzeige eine vorschriftwidrige bauliche Anlage solange vorliegt, bis eine rechtskräftige Baubewilligung gegeben ist oder das Bauvorhaben gemäß § 33 Abs 6 Stmk BauG als genehmigt gilt. Im baupolizeilichen Verfahren gemäß § 41 Abs 3 Stmk BauG ist es nicht von Bedeutung, ob eine bauliche Anlage, die bewilligungs- oder anzeigepflichtig ist, auch konsensfähig ist. Maßgeblich ist nach dieser Bestimmung, dass eine vorschriftwidrige bauliche Anlage vorliegt. Da die Errichtung der verfahrensgegenständlichen baulichen Anlagen konsensbedürftig ist, es aber an diesem erforderlichen Baukonsens fehlt, handelt es sich um vorschriftwidrige bauliche Anlagen im Sinne des § 41 Abs 3 Stmk BauG und der Beseitigungsauftrag ist daher zu Recht ergangen. Der angefochtene Bescheid war daher in diesem Sinne zu bestätigen.

Der angefochtene Bescheid war jedoch hinsichtlich der verfügten Leistungsfrist von zwei Wochen dahingehend abzuändern, als ein Beseitigungsauftrag von zwei Monaten für angemessen erachtet wird. Das Vorbringen hinsichtlich des Freilichtmuseums Stübing ist für das hier abzuführende Verfahren irrelevant. Zum verfassungsrechtlichen Einwand des Beschwerdeführers, dass die belangte Behörde gegen den Gleichheitsgrundsatz verstoßen hätte, ist auszuführen, dass jedes Verwaltungshandeln nur im Rahmen der bestehenden Gesetze und Verordnungen erfolgen darf. Da es zur Errichtung der verfahrensgegenständlichen baulichen Anlagen im Freiland nach den Bestimmungen des Stmk ROG und des Stmk BauG eines Konsenses bedarf, war die belangte Behörde verpflichtet, gemäß § 41 Abs 3 Stmk BauG einen Beseitigungsauftrag zu erlassen.

Der Beschwerdeführer konnte nach Ergehen des Beschwerde-Erkenntnisses des Landesverwaltungsgerichtes schließlich von der Baubehörde unter Androhung der Beseitigungsvollstreckung durch die Bezirksverwaltungsbehörde dazu bewogen werden, um nachträgliche Baubewilligung der konsenslos errichteten Bauten anzusuchen. Nach Ausräumung von nachbarschaftlichen Einwendungen konnte eine solche schließlich auch erteilt werden.

7.3. Beseitigungsauftrag Beispielfall 2

Eine Bauwerberin erhielt im Jahr 2010 die Baubewilligung für die Errichtung eines Wohnhauses. Gegenstand des Bauvorhabens war dabei der Umbau eines bestehenden Gebäudes, das mit einer großen Gebäudefront in unmittelbarer Nähe der Grundgrenze zum Nachbarn liegt. Gegenüber dem baubewilligten Projekt wurden im Zuge der Bauausführung einige Änderungen vorgenommen, wobei auch der Dachvorsprung an der Seite des Nachbargrundstückes größer geworden ist, als seinerzeit in den Plänen dargestellt und bewilligt worden war. In der bewilligten Plandarstellung sollte der Dachvorsprung 80 cm betragen und in diesem Ausmaß mit Zustimmung des Nachbarn bei der damaligen Bauverhandlung dokumentiert in sein Grundstück hineinragen dürfen.

Bei der Durchführung der baulichen Umbauarbeiten wurde bei der Dachstuhlausführung auf den vorgegebenen maximalen Dachvorsprung zum Nachbarn hin nicht geachtet, und es kam ein mit ca 1,10 m zu bemessender Dachvorsprung zur Ausführung. Dem Nachbarn fiel die eingetretene Verbreiterung auf und erstattete dieser entsprechend Anzeige bei der Baubehörde, welche ihrerseits mit einem Bausachverständigen die örtliche Erhebung veranlasste und den konsenswidrigen Dachvorsprung bestätigt erhielt.

Der Konsensinhaberin wurde gemäß § 41 Abs 3 Stmk BauG die Beseitigung der Dacheindeckung in der Form vorgeschrieben, dass die auskragenden konstruktiven Dachhölzer derart gekürzt werden, dass die äußerste Dachkonstruktion einschließlich Dachrinne maximal 80 cm (wie genehmigt) von der Mauerflucht der Gebäudeaußenwand entfernt liegt. In der dagegen vorgebrachten Berufung, wird auf die nicht erfolgte Darstellung des Dachsaums in den genehmigten Plänen verwiesen. In der Schnittdarstellung ist lediglich der tragende Dachsparren dargestellt und bezieht sich die Bemaßung von 80 cm auf die Vorderkante der Dachsparren. Bei Berücksichtigung des erforderlichen Dachaufbaus (Dämmung, Lattung, Konterlattung, Dacheindeckung) ergibt sich naturgemäß bis zum Dachsaum ein größeres Maß als 80 cm. Hingewiesen wird, dass bei der Definition des Dachsaums nach § 4 Z 24 Stmk BauG die Dachrinne nicht zu berücksichtigen ist.

Die Berufungsbehörde veranlasst als Grundlage ihrer Entscheidung die nochmalige Feststellung des Ausmaßes der Überschreitung des Konsensmaßes, welches vom Sachverständigen wiederum im selben Ausmaß bestätigt wurde. Die Berufung wurde somit als unbegründet abgewiesen und die Kürzung der Dachkonstruktion einschließlich Dachrinne auf maximal 80 cm bestätigt.

Die Vorstellungsbehörde, zu der der Akt nach der Beantragung der Vorstellung gemäß des im Jahr 2013 noch geltenden § 94 Abs 1 Stmk GemO erging, erkannte, dass der genehmigte Dachvorsprung von 80 cm die Dachrinne nicht beinhaltete und dies vom Sachverständigen auch so festgehalten wurde. Folglich war es der Vorstellungsbehörde nicht nachvollziehbar, warum die Dachrinne ausdrücklich in diese 80 cm Gesamtüberstand einbezogen wurde. Sie stellte somit einen Widerspruch des Beseitigungsauftrages zu § 41 Abs 3 Stmk BauG fest, da auch konsensgemäße Teile des Daches in der Breite einer Dachrinne rückzubauen wären. Infolge dieser Rechtswidrigkeit wurde der Bescheid des Gemeinderates behoben und zur neuerlichen Entscheidung zurückverwiesen.

Der Gemeinderat erließ einen neuerlichen Bescheid, in dem nun mehr die Beseitigung der Dachkonstruktion exklusive der Dachrinne auf ein maximales Maß des Dachüberstandes von 80 cm von der Mauerflucht der Gebäudefront beauftragt wurde. Dieser Bescheid wurde rechtskräftig. Nachdem der vorgeschriebenen Beseitigung nicht in der beauftragten Zeit nachgekommen wurde, erging das Ersuchen der Gemeinde an die Bezirksverwaltungsbehörde ein Vollstreckungs- und Strafverfahren einzuleiten.

8. Exkurs - Generelle Zuständigkeit versus Baurechtsübertragung

Die Möglichkeit der Baurechtsübertragung nach Art 118 Abs 7 B-VG wurde in Kapitel 1.1.2. Örtliche Baupolizei Gemeinde bereits angesprochen. Hierbei soll nun kurz dargestellt werden, dass eine solche Baurechtsübertragung im Zusammenhang mit der Bewilligung von gewerblichen Betriebsstätten durchaus Sinn macht. Es sollen aber auch die sich daraus möglicherweise ergebenden Konfliktfelder zwischen Gemeinde und Bezirksverwaltungsbehörde erwähnt werden.

Art 118 Abs 3 B-VG hält ja wie bekannt fest, […] „Der Gemeinde sind zur Besorgung im eigenen Wirkungsbereich die behördlichen Aufgaben insbesondere in folgenden Angelegenheiten gewährleistet:" […] und ist dazu im Unterpunkt 9 unter anderem angeführt die örtliche Baupolizei.

Für kleinere Gemeinden oder solche, die kaum Bauverfahren zu führen haben und somit über geringe Fachexpertise verfügen, stellt diese Aufgabenerfüllung eine gewisse Herausforderung dar. Es bedeutet ja, dass jede Gemeinde für sämtliche Bauvorhaben auf ihrem Gemeindegebiet, sofern nicht die Ausnahmen nach den Verfassungsbestimmungen oder des Baugesetzes gegeben sind, grundsätzlich zuständig ist.

Diese Zuständigkeit erstreckt sich dann auch auf Bauvorhaben für größere Gewerbe-, Industrie- oder landwirtschaftliche Anlagen oder in unmittelbarer Nähe von Gemeindegrenzen vorgesehene, deren Einflusssphäre über das Gemeindegebiet hinauswirken können. Mitunter kann es dabei zu Bauvorhaben kommen, die eine enorme Fachexpertise in bau- und raumordnungsrechtlichen, technischen und verfahrensrechtlichen Bereichen erfordern. Komplexe Industrie- und Gewerbeanlagen aber auch groß dimensionierte landwirtschaftliche Betriebsgebäude oder Anlagen erfordern eine vielschichtige Beurteilung der Baubehörde in den angeführten Bereichen.

Die Beiziehung verschiedenster Sachverständiger – häufig verfügen die Gemeinden nicht über Amtssachverständige aus ihren eigenen Reihen - , deren Auswahl und Bestellung zu nicht amtlichen Sachverständigen, die spezifischen Gutachtensaufträge, die Abstimmung der gegenseitigen Gutachten und deren rechtliche Beurteilung, die Wahrung des Parteiengehörs von Nachbarn usw sind Bereiche, die bei solchen Verfahren von großer Wichtigkeit sind.

Hinzu kommen bei gewerblichen Betriebsanlagen die mit den Gewerbebehörden im Sinne einer Gesamtbetrachtung eines Bauvorhabens sinnvoller Weise zu treffenden Abstimmungen der Baubehörde. Aus einer solchen Zusammenschau, die sich zB in einem gemeinsamen Bau- und gewerberechtlichen Verhandlungstermin automatisch ergibt, sind die von den Behörden vorgeschlagenen Projektanpassungen oder Modifizierungen von Bauvorhaben zur Erlangung einer Bewilligung für den oder die Bauwerber rasch änderbar und für die Sachverständigen der Bau- und Gewerbebehörde dann zeitgleich beurteilbar.

Besonders hervorzuheben ist bei Bauvorhaben größerer Dimensionen, dass sich der Kreis der Nachbarn im Sinne der Definition des § 4 Zif 44 Stmk BauG entsprechend vergrößert und das Interesse der Nachbarn auf Wahrung ihrer Rechte zunimmt. Neben zulässigen und berechtigten Einwendungen sind auch weitere Äußerungen und Stellungnahmen von Nachbarn zunächst zu erfassen und zu verifizieren, auch wenn sie nach Feststellung mangelnder baurechtlicher Relevanz später zurückzuweisen sind. Dies bedarf alles eines zusätzlichen Arbeitsaufwandes nicht nur im erstinstanzlichen Verfahren, sondern oft auch in der weiteren Instanz, da der Beurteilung der Behörde häufig nicht geglaubt wird, und man seine Meinung nun in nächster Instanz berücksichtigt haben will.

Aufgrund der Verfahrenskonzentration und der Zuständigkeit nur einer Behörde („one-stop-shop"-Prinzip) erscheint eine Baurechtsübertragung nach Art 118 Abs 7 B-VG recht vorteilhaft für Bewilligungswerber, aber auch für die Gemeinde als ansonsten zuständige Baubehörde.

Die Bezirksverwaltungsbehörden verfügen über einen entsprechenden Amtssachverständigendienst der Baubezirksleitungen zur fundierten Beurteilung der Betriebsanlagen und können Widersprüche, die sich bei getrennter Beurteilung und

Genehmigung nach Bau- und Gewerberecht ergeben könnten, von vornherein ausgeschlossen werden.

Aus meiner Erfahrung in der Gemeindeverwaltung zeigt sich aber, dass die raumordnungsrechtlichen Bestimmungen, die bei Bauvorhaben stets mit zu beurteilen sind, nicht immer im notwendigen Umfang mitbeachtet werden, weil hierbei eine offensichtliche Fachlücke bei den auf Bauwerke und Bautechnik spezialisierten Amtssachverständigen der Baubezirksleitungen vorherrscht. Helfend zur Seite stehen dabei auch nicht die Fachorgane der Landesverwaltung, die sich zwar mit Grundsätzen, Zielen, Verfahren und der Legistik des Raumordnungsrechtes beschäftigen, aber für individuelle Verfahren als Amtssachverständige mangels Personalressource in der jeweiligen Landesabteilung nicht zur Verfügung gestellt werden.

Die Gewerbebehörde greift hierbei deshalb gerne auf die Gemeinde und ihre Raumplaner zurück und auferlegt ihnen die Beibringung raumordnungsrelevanter Gutachten für solche Bauverfahren. Fälschlicherweise auch mit dem Argument, dass entgegen der Bauübertragungsverordnung die Gemeinde weiterhin für diese Belange zuständig sei. Verwiesen wird dazu auf die Ausnahmebestimmungen solcher Bauübertragungsverordnungen[348]. Bestenfalls kann man hier noch von „Amtshilfe" sprechen, wenn nun Gemeinden dieser Aufforderung nachkommen und raumordnungsrechtliche Gutachten bei ihrem Raumplaner für die von der Gewerbebehörde zu führenden Bauverfahren einholen. Die Gemeinden sind jedoch rechtlich nicht dafür zuständig.

Alternativ werden ansonsten die Bauwerber mit der Vorlage raumordnungsrelevanter Stellungnahmen selbst beauftragt. Hierbei handelt es sich jedoch um sogenannte Privatgutachten und wird die Behörde wiederum die von Bauwerbern beauftragten und

[348] ZB § 2 Abs 1 zweiter Satz Bauübertragungsverordnung 2013 LGBl 2013/1 idF LGBl 2018/28 mit Verweis auf § 18 Stmk BauG.

beigebrachten Gutachten einer Prüfung auf Schlüssigkeit und Nachvollziehbarkeit zu unterziehen haben.

Nicht ganz unproblematisch ist bei manchen Bauvorhaben weiterhin die Ermittlung der Behördenzuständigkeit, da gemäß § 2 Abs 2 Bau-Übertragungsverordnung die Übertragung nur für bauliche Anlagen gilt, für die eine gewerbebehördliche Genehmigung erforderlich ist, und gemäß deren Abs 3 bei einer Mischnutzung die Übertragung nur dann gilt, wenn die erfassten baulichen Anlagen überwiegend gewerblichen Zwecken dienen. Die überwiegende Zweckwidmung ist anhand der beabsichtigten Nutzflächen, bei gleichen Nutzflächen anhand der Kubaturen, zu beurteilen.

Hierzu muss man wissen, dass gemäß Gewerbeordnung 1994 für manche Betriebsanlagen eine Genehmigungsfreiheit besteht. So kann gemäß § 74 Abs 7 GewO der Bundesminister für wirtschaftliche Angelegenheiten bestimmte Betriebsanlagen, für die jedenfalls keine Genehmigung erforderlich ist, durch Verordnung bezeichnen, wenn von ihnen erwartet werden kann, dass die gemäß § 74 Abs 2 leg cit wahrzunehmenden Interessen hinreichend geschützt sind. Durch Genehmigungsfreistellungsverordnung 2015[349] ist zB für folgende Arten von Betriebsanlagen jedenfalls keine Genehmigung erforderlich: Einzelhandelsbetriebe mit einer Betriebsfläche von bis zu 600 m^2, Bürobetriebe, Lager in geschlossenen Gebäuden für Waren und Betriebsmittel mit einer Betriebsfläche von bis zu 600 m^2 oder Beherbergungs- und Gastgewerbebetriebe, die bestimmte Voraussetzungen erfüllen.

Aufgrund dessen bedarf es bei Baueinreichungen eines Gewerbebetriebes bei der Gemeinde für die Errichtung von Bauten, die nicht eindeutig auch einer

[349] Verordnung des Bundesministers für Wissenschaft, Forschung und Wirtschaft über genehmigungsfreie Arten von Betriebsanlagen (2. Genehmigungsfreistellungsverordnung), BGBl II Nr 2015/80.

gewerbebehördlichen Genehmigung bedürfen, zunächst der Abklärung der Zuständigkeit mit der Bezirksverwaltungsbehörde. Jede Gemeinde ist gut beraten, im Zweifelsfall eine solche Klarstellung bei der Bezirksverwaltungsbehörde zu erwirken, damit nicht eine unzuständige Stelle eine mit Nichtigkeit bedrohte Baubewilligung erteilt.

Überlegenswert ist für manche Landgemeinden, die mit der Genehmigung und Überprüfung[350] von landwirtschaftlichen Betriebsanlagen verfahrens- und materiellrechtlich aufgrund mitunter massiver Einwendungen von Nachbarn und Tierschutzorganisationen sehr gefordert sind, eine Übertragung der Baukompetenz für diese Anlagen an die Bezirksverwaltungsbehörde oder an das Amt der Landesregierung zu erwirken. Politische Gespräche zwischen Landes- und Kommunalpolitikern dazu finden immer wieder statt und man darf gespannt sein, ob und in welcher Weise einer Übertragung auch bei landwirtschaftlichen Betriebsanlagen entsprochen werden kann.

[350] Gemeint ist hier besonders das Verfahren nach § 29 Abs 6 Stmk BauG.

VI Zusammenfassung

Das behördliche Bauverfahren gehört zu den Kernkompetenzen der Gemeinden. Da es sehr komplex ist, ist es mit außerordentlicher Sorgfalt abzuwickeln. Als Grundregel jedes Verfahrens gilt es, Formalfehler von vornherein zu vermeiden.

Insbesondere sind im Bauverfahren dabei folgende formelle Punkte zu beachten:

- Ein Bauverfahren ist ein antragsbedürftiger Verwaltungsakt. Ohne schriftlichen Antrag darf kein Bescheid erlassen werden.

- Sämtliche bei der Behörde eingehenden Dokumente sollten mit einem Eingangsstempel versehen werden, insbesondere die Pläne.

- Die Amtsstunden und die für den Parteienverkehr bestimmte Zeit sind gemäß § 13 Abs 5 AVG und die Möglichkeiten der Einbringung von Anträgen gemäß § 13 Abs 2 leg cit entsprechend kundzumachen. Eingaben, die diesen Vorgaben nicht entsprechen, können nicht gültig eingebracht werden und sind als unzulässig zurückzuweisen.

- Verbesserungsaufträge sind klar und verständlich mit einer angemessenen Fristsetzung zu erteilen.

- Das Nachreichen von Plänen während des Verfahrens ist grundsätzlich möglich, wenn dabei das Wesen des Bauansuchens nicht verändert wird.

- Eine mündliche Verhandlung sollte erst nach Einlangen sämtlicher Unterlagen oder Stellungnahmen anberaumt werden, damit bei ordentlicher Kundmachung eine Präklusion eintreten kann. Bei Nachreichung einzelner Stellungnahmen oder Gutachten von Sachverständigen sind diese im Wege des Parteiengehörs den Nachbarn zur Kenntnis zu bringen.

- Eine Bauverhandlung ist neben der Verständigung der bekannten Beteiligten stets in zweifacher Form kundzumachen – durch Anschlag an der Amtstafel (Öffentliche Bekanntmachung) und durch eine zusätzlich geeignete Form (zB Veröffentlichung auf der Internetseite des Gemeindeamtes, durch Postwurfsendung oder Anschlag an einer Haustafel)

- Auf nichtamtliche Sachverständige darf nur zurückgegriffen werden, wenn kein Amtssachverständiger zur Verfügung steht. Dies ist zu dokumentieren. Die nichtamtlichen Sachverständigen sind mit Ausnahme der Bausachverständigen, die in dem Verzeichnis der Landesregierung geführt werden, durch Bescheid zu bestellen.

- Alle aktenrelevanten Handlungen und Vorgänge im Bauverfahren (zB Telefonate, Akteneinsichten, sonstige Gespräche) sind zu Beweiszwecken in einem Aktenvermerk festzuhalten.

- Einwendungen von Nachbarn sind nach den Kategorien subjektiv öffentliche, objektiv öffentlich und private Einwendungen zu differenzieren und hat die Baubehörde diesbezüglich die Bestimmungen gemäß § 26 Abs 1 Stmk BauG als Nachbarrechte zu beurteilen.

Damit Baubehörden gute inhaltliche Beurteilungen vornehmen und richtige Entscheidungen treffen, ist nicht nur die Kenntnis der umfassenden Baurechtslage, sondern auch die Kenntnis der Rechtsprechungen von großer Bedeutung. Dabei erscheint vor allem die zusammenschauende Darstellung der Rechtsprechung von VfGH und VwGH zweckmäßig.[351]

Da nun mehr auch letztinstanzliche Baubescheid der Gemeinde mittels Bescheidbeschwerde gemäß Art 130 Abs 1 B-VG beeinsprucht werden können[352],

[351] *Hauer*, Der Nachbar im Baurecht[6] (2008), 32.
[352] *Berka*, Verfassungsrecht[6] Rz 924; *Leeb* in *KWG*, Verwaltungsreform, 38.

kommt den Entscheidungen der Landesverwaltungsgerichte vermehrte Bedeutung zu. Diese entscheiden nach den Zielsetzungen des Verfassungsgesetzgebers[353] grundsätzlich in der Sache selbst, wie dies in Art 130 Abs 4 B-VG festgelegt ist. Verwaltungsgerichte sind bei ihrer Entscheidung nicht an den von den Baubehörden angenommenen Sachverhalt gebunden, sondern besitzen volle Tatsachenkognition und haben dabei auch „Ermessen" auszuüben[354]. Sie können aufgrund einer Bescheidbeschwerde gegen einen letztinstanzlichen Gemeindebescheid etwa auch eine Baubewilligung im Gegensatz zur letzten oder anders als die letzte Gemeindeinstanz erteilen. Damit geht naturgemäß eine wesentliche Veränderung des Verständnisses von der Gemeindeautonomie im Bereich der individuellen Vollziehung einher.[355] Gemeinden müssen nun mehr in Hinkunft verstärkt auch die Rechtsprechung der Verwaltungsgerichte beachten.

Es ist für die Baubehörde nicht immer leicht zwischen den teils divergierenden Interessen von Bauwerbern und Nachbarn ausgleichend zu entscheiden.
Jeder Bauwerber hat bei Einhaltung der gesetzlichen Bestimmungen einen Rechtsanspruch auf Erteilung der von ihm angestrebten Baubewilligung, doch darf dabei das Bauverfahren von Bauwerbern nicht als bloßer notwendiger Formalakt betrachtet werden. Es kann vorteilhaft sein, wenn Bauwerber im frühestmöglichen Planungsstadium bereits mit den Nachbarn Gespräche führen, um deren Wünsche allenfalls bei der Planung noch zu berücksichtigen. So kann bei strittigen Fragen ein Entgegenkommen des Bauwerbers den Baubeginn meist schneller ermöglichen als ein Rechtsstreit, der womöglich zu Ungunsten des Bauwerbers ausgeht.[356]

Den Nachbarn muss aber auch bewusst sein, dass sie nach dem Stmk BauG ein bloß beschränktes Mitspracherecht haben und sie dartun müssen, wodurch sie sich in ihrer

---

[353] Vgl RV 1618 BlgNR 24. GP 4.
[354] *Öhlinger*, Die Verwaltungsgerichte im System der österreichischen Bundesverfassung, in *Fischer/Pabel/Raschauer* (Hrsg), Verwaltungsgerichtsbarkeit (2014), Rz 7.
[355] *Leeb* in *KWG*, Verwaltungsreform, 38.
[356] *Hauer*, Der Nachbar im Baurecht[6] (2008), 30.

Rechtssphäre verletzt erachten. Ein vernünftiges, zeitgerechtes Miteinanderreden in einer sachlichen Atmosphäre vermag oft mehr zu erreichen als starres Beharren auf Rechtstandpunkte.

Der Baubehörde kommt damit nicht nur als Entscheidungsinstanz, sondern auch als Vermittlerin und Mediatorin, die durch geschickte, unvoreingenommene, die Rechtsordnung kennende Verhandlungsleitung wesentlich zum Ausgleich zwischen Bauwerbern und Nachbarn beitragen kann, große Bedeutung zu.

Jede Rechtsnorm dient doch dem Zweck, das Zusammenleben der Menschen zu regeln. Eine Rechtsordnung soll schließlich ihrer Funktion nach eine Friedensordnung sein, nicht aber Anlass zu einem Rechtsstreit.[357]

[357] *Hauer*, Der Nachbar im Baurecht[6] (2008), 31.

Literaturverzeichnis

Adamovich/Funk, Allgemeines Verwaltungsrecht[3] (1987)

Adamovich/Funk/Holzinger/S. L. Frank, Staatliche Organisation. Österreichisches Staatsrecht[2] (2013)

Attlmayr, Das Recht des Sachverständigen im Verwaltungsverfahren (1997)

Berka, Verfassungsrecht. Grundzüge des österreichischen Verfassungsrechts für das juristische Studium[6] (2016)

Eberhard, Der Einfluss der Verwaltungsgerichtsbarkeitsreform auf die Gemeinden und Bürger, in *KWG* (Hrsg), Verwaltungsreform – Verwaltungsgerichtsbarkeit (2014), 43

Eisenberger/Hödl, Einführung in das Steiermärkische Bau- und Raumplanungsrecht. Praxisbezogene Gesamtdarstellung mit den wichtigsten baurechtlichen Begriffen; Gesetzestexte, OIB-Richtlinien[3] (2014)

Ferz, Tierhaltungsbetriebe in der Steiermark – Die neuen raumordnungsrechtlichen und baugesetzlichen Maßnahmen, bbl 2010, 211

P. Frank/Teschinegg/Skalicki, Raumordnungsrecht und Bauvorschriften für das Land Steiermark. Mit erläuternden Bemerkungen, Anmerkungen und ausgewählten Entscheidungen des Verwaltungsgerichtshofes[4] (2016)

Giese, Die nachträgliche Vorschreibung von Auflagen im Baurecht, bbl 2009, 47

Grabenwarter/Fister, Verwaltungsverfahrensrecht und Verwaltungsgerichtsbarkeit[5] (2016)

W. Hauer, Der Nachbar im Baurecht. Die Rechtsstellung des Nachbarn im baubehördlichen Bewilligungsverfahren und in sonstigen Bauverfahren[6] (2008)

Illedits-Lohr/Illedits, Nachbarrecht kompakt. Rechte und Pflichten im Umgang mit Nachbarn[2] (2008)

Jahnel, Baurecht, in *Bachmann/Baumgartner/Feik/Fuchs/Giese/Jahnel/Lienbacher* (Hrsg), Besonderes Verwaltungsrecht[11] (2016), 363

Kahl/Weber, Allgemeines Verwaltungsrecht[6] (2017)

Kolonovits/Muzak/Stöger/Walter, Grundriss des österreichischen Verwaltungsverfahrensrechts. Einschließlich der Verfahren vor den Verwaltungsgerichten und vor dem VwGH[10] (2014)

Lampert, Der Einwand der UVP-Pflicht im Bauverfahren, RFG 2018/28, 149

Leeb, Das Verfahrensrecht der Verwaltungsgerichte aus gemeindespezifischer Sicht, in *KWG* (Hrsg), Verwaltungsreform – Verwaltungsgerichtsbarkeit (2014), 27

Lindermuth, Baurecht, in *Poier/Wieser* (Hrsg), Steiermärkisches Landesrecht. Band 3 Besonderes Verwaltungsrecht (2010), 255

T. Neger/Spiegl/D. Neger, Heranrückende Wohnbebauung. Aktuelle Praxisfragen in Baubewilligungsverfahren – Wer kann Einwendungen erheben und wie ist damit umzugehen? bbl 2016, 136

Öhlinger, Die Verwaltungsgerichte im System der österreichischen Bundesverfassung, in *Fischer/Pabel/Raschauer* (Hrsg), Verwaltungsgerichtsbarkeit (2014)

Öttl/ Moshammer/Mandl/Weitensfelder, Richtlinie zur Beurteilung von Geruchsimmissionen. Bericht Nr. LU-08-2018, Amt der Steiermärkischen Landesregierung, Abteilung 15, Referat Luftreinhaltung (2018)

Öttl/Schlacher/Triller/Pollet/Spernbauer, Grundlagen für die Modellierung der Geruchsausbreitung aus der Tierhaltung mit dem Lagrange´schen Partikelmodell GRAL. Bericht Nr. LU-04-2014, Amt der Steiermärkischen Landesregierung, Abteilung 15, Referat Luftreinhaltung (2014)

Pallitsch, Die Rechtsstellung des Nachbarn in Bauverfahren. Kernfragen des Nachbarrechts im Licht der aktuellen Rechtsprechung, RFG 2017 Bd 2

Pallitsch, Der baurechtliche Immissionsschutz in der Judikatur des Verwaltungsgerichtshofes, Bautagung Raumberg-Gumpenstein 2011, 35

Schauberger/Eder/Fiebiger/Köck/Lazar/Pichler-Semmelrock/Piringer/Quendler/Swoboda/ Thiemann/Teufelhart, Vorläufigen Richtlinie zur Beurteilung von Immissionen aus der Nutztierhaltung in Stallungen – korrigierte Version (2000)

Stolzlechner, Einführung in das öffentliche Recht. [allgemeine Rechtslehren, Verfassungsrecht, allgemeines Verwaltungsrecht, Unionsrecht; mit neuer Verwaltungsgerichtsbarkeit!][6] (2013)

Stolzlechner, Art 115 B-VG in *Kneihs/Lienbacher* (Hrsg), Rill-Schäfer-Kommentar Bundesverfassungsrecht (2016)

Trippl/Schwarzbeck/Freiberger, Steiermärkisches Baurecht. Kommentar[5] (2013)

Weber, Art 115 B-VG in *Kneihs/Lienbacher* (Hrsg) Rill-Schäfer-Kommentar Bundesverfassungsrecht (2016)

Wieser, Einführung in das Verfassungs- und Verwaltungsrecht. Auf Grundlage von Helmut Pree - Einführung in die Rechtswissenschaft II: Österreichisches Verfassungs- und Verwaltungsrecht[2] (2014)

Judikaturverzeichnis

Adhäsions- oder Annexprinzip in Bausachen

VfSlg 2685/1954

Gemeinde – abstrakte Gebietskörperschaft

VfSlg 5409/1966, 5647/1967, 6770/1972, 9280/1981, 17.557/2005

Umfang der örtlichen Baupolizei

VfSlg 5647/1967, VwSlg 7210 A/1967

Bezeichnungspflicht eigener Wirkungsbereich der Gemeinde

VfSlg 11653/1988, 11926/1988

Entscheidungspflicht LVwG

VwGH 26.6.2014, Ro 2014/03/0063

Einheit von Materien- und Verfahrensgesetzgeber

VfSlg 3054/1956

Erforderlichkeit bei abweichender Regelung zu einheitlichen Bedarfsgesetzen

VfSlg 8945/1980

Ausschluss der aufschiebenden Wirkung einer Berufung zulässig

VfSlg 17.346/2004

Bauliche Anlagen

VwGH 21.2.1979, Slg 9772 A

VwGH 31.1.2008, 2008/06/0243 VwGH 17.12.2009, 2008/06/0097

Begriff "Nachbarn" und deren Parteistellung

VwGH 26.4.1965, 2342/64, VwSlg 6670 A/1965

VwGH 3.5.1976, 1895/75, VwSlg 9048 A/1976

VwGH 3.12.1980, SlgNr 10.317/A VwGH 27.10.1981, 05/1534/79

VwGH 12.10.1982, 82/06/0108 VwGH 8.2.1982, 707/80

VwGH 18.4.1985, 85/06/0046 VwGH 23.1.1986, 85/06/0226

VwGH 15.9.1987, 87/05/0144 VwGH 22.9.1987, 86/05/0165

VwGH 28.4.1988, 85/06/0114 VwGH 26.6.1990, 89/05/0240

VwGH 4.4.1991, 90/05/0178 VwGH 20.10.1994, 94/06/0120

VwGH 25.6.1999, 97/06/0194 VwGH 27.8.2013, 2011/06/0089

Heranrückende Wohnbebauung

VfGH 28.9.1990, VfSlg 12.468
VfGH 7.10.1992, VfSlg 13.210
VfGH 3.10.1997, VfSlg 14.943
VfGH 16.6.1998, VfSlg 15.188
VfGH 15.12.1999, VfSlg 15.691
VfGH 13.6.2000, VfSlg 15.792
VwGH 21.10.2009, 2008/06/0041
VwGH 8.6.2011, 2011/06/0048

Bauprojekt als Gegenstand des Bauverfahrens

VwSlg 15.821 A/2002
VwSlg 10.526 A/1981
VwGH 1.4.2008, 2004/06/0114

Sachverständige

VwSlg 4369/A/1957
VwGH 6.6.1957 Slg 4369 A
VwSlg 10811 A/1982
VwSlg 14.625 A/1997
VwSlg 14.798 A/1997
VwGH 18.5.1977, 2378/76
VwGH 27.10.1977, 1783, 1784/77
VwGH 22.1.1979, 61/78
VwGH 14.9.1982, 82/07/0097
VwGH 15.9.1983, 2959-2961/80
VwGH 16.1.1984, 83/10/0224
VwGH 29.11.1984, 82/06/0020
VwGH 16.2.1987, 87/02/0130
VwGH 27.5.1987, 87/01/0022
VwGH 26.5.1993, 92/12/0096
VwGH 25.1.1995, 94/12/0304
VwGH 27.3.1995, 90/10/0143
VwGH 27.11.1995, 93/10/0209
VwGH 24.1.1996, 95/03/0167
VwGH 11.9.1997, 97/07/0074
VwGH 7.3.2000, 99/05/0162
VwGH 30.5.2000, 96/05/0166
VwGH 22.3.2000, 98/04/0146
VwGH 25.6.2003, 2001/03/0066
VwGH 16.4.2004, 2001/10/0156
VwGH 14.9.2004, 2001/10/0089
VwGH 10.11.2008, 2003/12/0078
VwGH 30.6.2010, 2009/12/0124
VwGH 13.10.2010, 2010/06/0155
VwGH 29.11.2017, Ra 2015/04/0014
VwGH 21.10.1987, 87/03/0175
VwGH 24.2.2004, 2002/05/0658

Baubewilligungsverfahren

VfGH 6.3.1997, VfSlg 14783/1997
VwGH 5.5.1951, VwSlg 2129 A
VwGH 19.10.1955, 3349/54
VwGH 18.2.1963, 956/72
VwGH 8.5.1967, 1318/66
VwGH 9.6.1969, VwSlg 7586 A
VwGH 31.1.1972, 841/71; VwSlg 8161 A/1972
VwGH 4.5.1972, 1697/71, VwSlg 8227 A
VwGH 9.10.1972, 1669/71
VwGH 23.10.1972, 0309/72
VwGH 9.11.1977, 2382/77
VwSlg 9425 A/1977

VwGH 31.3.1978, 0697/77
VwGH 25.4.1978, VwSlg 9536A
VwGH 22.3.1979, VwSlg 9804 A
VwGH 11.12.1980, 1040/80
VwGH 18.6.1985, 83/05/0099, BauSlg 470
VwGH 24.11.1988, 88/06/0148, BauSlg 1223
VwGH 24.11.1992, 92/05/0201
VwGH 25.1.1996, 94/06/0087
VwGH 25.1.1996, 94/06/0088
VwGH 26.3.1996, 95/05/0165, BauSlg 67
VwGH 3.9.1999, 98/05/0071
VwGH 26.5.2000, 99/06/0009, BauSlg 116
VwGH 3.7.2001, 2001/05/0072
VwGH 4.4.2002, 2000/06/0090
VwGH 4.4.2003, 2000/06/0165
VwGH 28.2.2008, 2007/06/0230
VwGH 17.4.2012, 2009/05/0313
VwGH 8.4.2014, 2013/05/0195
VwGH 24.2.2016, Ro 2015/05/0012

Baufreiheit

VwSlg 9220 A/1977
VwSlg 14.220 A/1995
VwGH 20.6.1995, 94/05/0172
VwGH 25.11.2008, 2007/06/0074
VwGH 21.10.1968, 1246/67
VwGH 12.4.1988, 88/05/0078
VwGH 17.1.1989, 88/05/0134

Baupolizeiliche Maßnahmen

VwGH 14.10.1969, 0766/68
VwGH 23.6.1981, 05/2718/78
VwGH 3.7.1986, 86/06/0040
VwGH 12.2.1987, 84/06/0221
VwGH 11.6.1987, 86/06/0073, BauSlg 936
VwGH 22.9.1988, 87/06/0089
VwGH 23.1.1990, 88/06/0218
VwGH 27.6.1991, 91/06/0035
VwGH 20.11.1997, 97/06/0215
VwGH 27.2.1998, 97/06/0215
VwGH 17.12.1998, 97/06/0117
VwGH 25.10.2000, 99/06/0069
VwGH 19.9.2006, 2005/06/0077
VwGH 4.4.2003, 2000/06/0165
VwGH 27.6.2006, 2004/05/0099
VwGH 19.12.2006, 2005/06/0184
VwGH 27.5.2008, 2007/05/0037;
VwGH 16.9.2009, 2006/05/0204
VwGH 18.10.2012, 2011/06/0078

Nachbarrechte

VwGH 4.7.1958, 0642/57
VwGH 3.3.1969, 0587/67
VwGH 28.1977, 1948/76
VwGH 19.9.1978, 2176/77
VwGH 31.10.1979, 609/79
VwGH 14.9.1989, 89/06/0148
VwGH 23.3.1999, 98/05/0217
VwGH 26.4.2002, 2000/06/0046
VwGH 30.3.2004, 2003/06/0056
VwGH 27.11.2007, 2003/06/0090
VwGH 6.9.2011, 2009/05/0291

Immissionsschutz

VwGH 12.12.1989, 89/04/0140
VwGH 2.7.1992, 92/04/0056
VwGH 26.9.1997, 96/06/0285
VwGH 7.3.2000, 99/05/0162
VwGH 21.10.2004, 2002/06/0029
VwGH 29.6.2005, 2004/04/0048
VwGH 7.11.2005, 2001/04/0040
VwGH 20.12.2005, 2001/04/0042
VwGH 28.3.2007, 2006/04/0228
VwGH 10.9.2008, 2007/05/0302
VwGH 26.5.2009, 2009/06/0031
VwGH 13.4.2010, 2008/05/0160
VwGH 30.9.2015, Ro 2014/06/0037

Abstandsvorschriften

VwGH 25.11.2014, 2013/06/0089

Benützungsbewilligung

VwGH 30.6.1994, 93/06/0029
VwGH 19.12.1995, 95/05/0302
VwGH 23.9.1999, 98/06/0196

Bebauungsweise

VwGH 28.10.1999, 98/06/0179
VwGH 20.3.2003, 2001/06/0086

Entscheidungspflicht Berufungsbehörde

VwGH 27.9.2012, 2009/08/0055

Rechtsquellenverzeichnis

Allgemeines Verwaltungsverfahrensgesetz 1991, BGBl 1991/51 idF BGBl I 2018/58

Bau-Übertragungsverordnung 2013, LGBl 2013/1 idF LGBl 2019/3

Bundes-Verfassungsgesetz, BGBl 1930/1 idF BGBl I 2019/14

Einführungsgesetz zu den Verwaltungsverfahrensgesetzen 2008, BGBl 2008/87 idF BGBl I 2018/61

Europäische Menschenrechtskonvention, BGBl 1958/210 idF BGBl III 2018/139

Gewerbeordnung 1994, BGBl 1994/194 idF BGBl I 2018/112

Kanalgesetz 1988, LGBl 1988/79 idF LGBl 2013/87

Ortsbildgesetz 1977, LGBl 1977/54 idF LGBl 2013/87

Staatsgrundgesetz über die allgemeinen Rechte der Staatsbürger, RGBl 1867/142 idF BGBl 1988/684

Steiermärkisches Akkreditierungsgesetz, LGBl 1995/62 idF LGBl 2013/87

Steiermärkisches Baugesetz, LGBl 1995/59 idF LGBl 2018/63

Steiermärkisches Bauprodukte- und Marktüberwachungsgesetz 2013, LGBl 2013/83 idF LGBl 2018/63

Steiermärkisches Feuerungsanlagengesetz 2016, LGBl 2016/57 idF LGBl 2018/63

Steiermärkisches Gasgesetz 1973, LGBl 1973/54 idF LGBl 2013/87

Steiermärkische Gemeindeordnung 1967, LGBl 1967/115 idF LGBl 2019/1

Steiermärkisches Hebeanlagengesetz 2015, LGBl 2016/15

Steiermärkisches Raumordnungsgesetz 2010, LGBl 2010/49 idF LGBl 2017/117

Steiermärkisches Seveso-Betriebe Gesetz 2017, LGBl 2017/61

Umweltverträglichkeitsprüfungsgesetz 2000, BGBl 1993/697 geändert BGBl 2000/89 idF BGBl 2018/80

Vermessungsverordnung 2016, BGBl 2016/307 idF BGBl 2018/235

Verwaltungsstrafgesetz 1991, BGBl 1991/52 idF BGBl 2018/58

Verwaltungsvollstreckungsgesetz 1991, BGBl 1991/53 idF BGBl 2013/33

Zustellgesetz 1982, BGBl 1982/200 idF BGBl 2018/104

FSC
www.fsc.org
MIX
Papier | Fördert
gute Waldnutzung
FSC® C083411

Kolibri 360 GmbH
Ferdinand-Jühlke-Straße 7
99095 Erfurt, Deutschland
produktsicherheit@kolibri360.de

Druck:
CPI Druckdienstleistungen GmbH
im Auftrag der
Kolibri 360 GmbH
Ferdinand-Jühlke-Str. 7
99095 Erfurt